高等职业教育自动化类专业系列教材

工业机器人编程与调试

主　编◎陈　琪　鲁庆东

副主编◎曾　欣　陈　伟　秦舶皓　王海珠

参　编◎胡　蓉　张锐丽　串俊刚　车　飞

陈胜兰　王　洪　于金洋　蒋明伟

中国轻工业出版社

图书在版编目（CIP）数据

工业机器人编程与调试/陈琪，鲁庆东主编. —北京：中国轻工业出版社，2021. 11
高等职业教育自动化类专业系列教材
ISBN 978-7-5184-3236-3

Ⅰ. ①工…　Ⅱ. ①陈…　②鲁…　Ⅲ. ①工业机器人-程序设计-高等职业教育-教材　Ⅳ. ①TP242. 2

中国版本图书馆 CIP 数据核字（2020）第 199839 号

责任编辑：张文佳　宋　博
策划编辑：张文佳　　责任终审：张乃柬　　封面设计：锋尚设计
版式设计：砚祥志远　　责任校对：吴大朋　　责任监印：张　可

出版发行：中国轻工业出版社（北京东长安街 6 号，邮编：100740）
印　　刷：三河市国英印务有限公司
经　　销：各地新华书店
版　　次：2021 年 11 月第 1 版第 1 次印刷
开　　本：787×1092　1/16　印张：10. 25
字　　数：230 千字
书　　号：ISBN 978-7-5184-3236-3　定价：35. 00 元
邮购电话：010-65241695
发行电话：010-85119835　传真：85113293
网　　址：http：//www. chlip. com. cn
Email：club@ chlip. com. cn
如发现图书残缺请与我社邮购联系调换
210211J2C102ZBW

前言
PREFACE

首先，本书主要针对的是高、中职学生，有基础的技术员也可以参考；其次，希望本书的读者能愉快、轻松地学习。

本书按知识+项目的方式来编写，由易到难，这符合技术员的训练和培养模式。

本书知识体系和内容如下：

项目 1 初识工业机器人；项目 2 工业机器人轨迹编程；项目 3 工业机器人搬运编程；项目 4 工业机器人上下料编程；项目 5 工业机器人技能鉴定站编程；项目 6 智能生产线编程。

为了方便教师、技术员及读者学习，本书配有视频学习资料、教案、课件和案例集。

本书由宜宾职业技术学院和华中数控股份有限责任公司合作编写，陈琪、鲁庆东任主编。

由于编者水平有限，书中不足之处在所难免，恳请广大读者提出宝贵意见。

编者

目录

CONTENTS

项目1 初识工业机器人

学习目标

1. 知识目标

(1) 了解工业机器人的工作原理、系统组成及基本功能。

(2) 掌握工业机器人的结构。

(3) 熟悉示教器的操作界面及基本功能。

2. 技能目标

(1) 会启动工业机器人并完成手动操作。

(2) 会操作示教器，控制工业机器人回参考点。

3. 素质目标

(1) 提高与人沟通交流的能力。

(2) 提高查阅图纸资料、搜集相关知识信息的能力。

项目描述

本项目以工业机器人的历史发展为线索，介绍工业机器人的由来与工业生产发展的关系，以及未来智能化制造的应用及发展情况，同时将以 HSR-JR612 工业机器人为例进行讲解，介绍工业机器人的原理、组成与基本操作。

安全

(1) 作业人员须穿戴工作服、安全帽、安全鞋等。

(2) 接入电源时，请确认机器人的动作范围内没有作业人员。

(3) 必须在切断电源后，方可进入机器人的动作范围内进行作业。

(4) 突发情况使作业人员来不及实施紧急停止、逃离等行为时，极有可能导致重大事故发生。

突发情况一般有以下几种：

①低速动作突然变成高速动作。

②其他作业人员执行了操作。

③因周边设备等发生异常和程序错误，启动了不同的程序。

④因噪声、故障、缺陷等原因导致异常动作。

⑤误操作。

⑥原想以低速执行动作，却执行了高速动作。

⑦机器人搬运的工件掉落、散开。

⑧工件处于夹持、联锁待命的停止状态下，突然失去控制。

⑨相邻或背后的机器人执行了动作。

发生突发情况不应紧张，应该根据情况做出适宜的反应与对策。在平时工作或学习中应尽量减少或避免突发情况。

（5）在操作机器人过程中，应注意以下安全事项：

①发现有异常时，应立即按下紧急停止按钮。

②时刻注意机器人的动作，不得背向机器人进行作业。

③不需要使机器人动作和操作时，请切断电源后再执行作业。

④基本操作练习时必须确认手动速率不能太高。

任务　工业机器人概述

学习目标

1. 知识目标

（1）了解工业机器人的发展史。

（2）了解工业机器人的应用。

2. 技能目标

（1）会起动工业机器人。

（2）能完成单轴移动的手动操作。

（3）会操作示教器，控制工业机器人回参考点。

3. 素质目标

（1）提高与人沟通交流的能力。

（2）提高查阅图纸资料、搜集相关知识信息的能力。

相关知识

（1）工业机器人及历史发展趋势

1）机器人及工业机器人。国际上对机器人的定义有不同看法，总的来说机器人是一种自动化的机器，所不同的是这种机器具备一些与人或生物相似的智能能力，如感知能力、规划能力、动作能力和协同能力，是一种具有高度灵活性的自动化机器。工业机器人是机器人的一种，主要应用于工业生产，提高企业的生产效率，其主要以刚性高的机械手臂为主体，与人相比，可以有更快的运动速度，可以搬更重的东西，而且定位精度相当高。它可以根据外部来的信号自动进行各种操作，故工业机器人在实现智能化、多功能化、柔性自动化生产、提高产品质量、代替人在恶劣环境条件下工作中发挥了重大作用。因此对于企业或者国家而言，发展工业机器人有着重要的意义。综上，工业机器人具有以下几项显著的特点：

①可编程。生产自动化的进一步发展是柔性自动化。工业机器人可随其工作环境变

化的需要而再编程，因此在小批量、多品种具有均衡高效的柔性制造过程中能发挥很好的功用，是柔性制造系统中的一个重要组成部分。

②拟人化。工业机器人在机械结构上有类似人的行走、腰转、大臂、小臂、手腕、手爪等部分。此外智能化工业机器人还有许多类似人类的“生物传感器”，如视觉传感器、声觉传感器、接触传感器、语言功能传感器等。

③通用性。一般工业机器人在执行不同作业任务时具有较好的通用性。通过更换工业机器人手部末端执行工具便可执行不同任务。比如，末端安装夹爪便可执行码垛任务，安装吸盘便可吸取表面光滑的工件，安装涂胶枪便可执行涂胶作业，安装焊枪便可焊接零件等。

④机电一体化。第三代智能机器人不仅具有获取外部环境信息的各种传感器，而且还具有记忆能力、语言理解能力、图像识别能力、推理判断能力等人工智能，这些都是微电子技术的应用，特别是与计算机技术的应用密切相关，集中并融合了多项学科。

2）工业机器人的历史。1954 年美国人乔治·戴沃尔制造出世界上第一台可编程机器人；1959 年戴沃尔与美国发明家约瑟夫·恩盖尔柏格共同制造出第一台工业机器人，开创了机器人发展的新纪元。按工业机器人的技术水平及功能特征，工业机器人沿着如下三个阶段进行发展。

第一代工业机器人是示教再现型，具有记忆能力，这类机器人能够按照人类预先示教的轨迹、行为、顺序和速度重复作业。一种示教是由操作员手把手示教，比如操作人员握住机器人上的喷枪，沿喷漆路线示范一遍，机器人动作中记住这一连串运动，工作中，自动重复这些运动，从而完成给定位置的涂装工作。另一种比较普遍的方式是通过示教器示教，操作人员利用示教器上的开关或按键来控制机器人一步一步运动，机器人自动记录，然后重复。目前，绝大部分应用中的工业机器人均属于这一类。缺点是操作人员的水平影响工作质量。

第二代工业机器人具有环境感应装置，对外界环境有一定的感知能力，并具有听觉、视觉、触觉等功能。工作时，根据感觉器官（传感器）获取的信息，灵活调整自己的工作状态，保证在适应环境的情况下完成工作，目前已进入应用阶段。

第三代工业机器人称为智能机器人，具有高度的适应性，能自行学习、推理、决策等，并可能具有人工智能，目前处于研究阶段。

（2）工业机器人现状及发展趋势

从工业机器人的运动结构上来看其基本是沿着两条路径发展：一是模仿人的手臂，实现多维运动，如焊接机器人；二是模仿人的下肢运动，实现物料输送、传递等搬运功能，如搬运机器人。机器人研发水平较高的是日本、美国与欧洲国家。在国际上较有影响力的并且目前在中国的工业机器人市场处于领先地位的机器人公司有瑞典 ABB 公司、日本 FANUC 公司及 YASKAWA 公司、德国 KUKA 公司，这四家公司也被俗称为“四大”。经过多年的发展，我国也涌现出了一批较优秀工业机器人厂商，如新松、南京埃斯顿、广州数控、华中数控等。

机器人技术自 20 世纪 60 年代初问世以来，从简单机器人到智能机器人，机器人技术的发展已取得突飞猛进的进步，从产品来看，工业机器人技术正向着高性能化、智能化、模块化和系统化方向发展。

（3）工业机器人的类型及应用

工业机器人一般用于机械制造业中代替人完成大批量、高质量的工作，如完成汽车制造、船舶制造、电子及3C等行业自动化生产线中的搬运、焊接、切割、喷涂、打胶、码垛、装配等工作。国际上关于机器人的分类并没有统一的标准，不过仍可以按机器人的结构特点、操作编程方式等进行简单的类型划分，如图1-1所示。

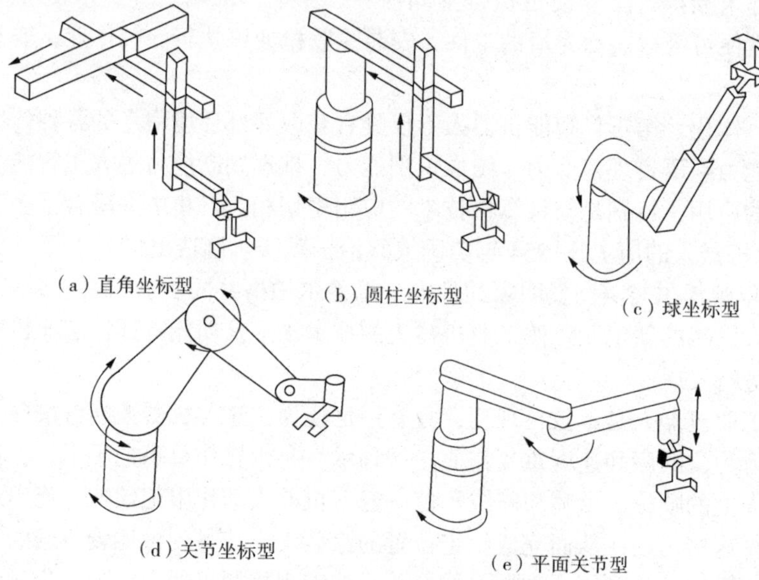

图1-1　机器人类型

1）按结构及运动形式可分为：直角坐标机器人（臂部可沿3个直角坐标，即3个相互垂直的方向进行直线移动），关节机器人（臂部有多个关节，通过关节的转动进行运动），圆柱机器人（臂部可做升降、回转和伸缩运动），组合结构机器人（臂部可实现直线、旋转、回转、伸缩），球坐标机器人（臂部能回转、俯仰和伸缩）。

2）按运动控制机能可分为：点位型（控制执行机构由一点到另一点的准确定位，适用于机床上下料、点焊和一般的搬运等作业）与连续轨迹型（可控制执行机构按给定轨迹运动，适用于连续焊接和涂装等作业）。

3）按程序输入方式可分为：离线输入型（将计算机上已编好的作业程序文件，通过RS232或以太网等方式传送到机器人控制系统）与示教输入型（由操作者用手动控制示教器将指令信号传给驱动系统，使执行机构按要求的动作顺序和运动轨迹操演一遍或者由操作者直接移动执行机构，按要求的动作顺序和运动轨迹操演一遍）。

示教输入型工业机器人也称为示教再现型工业机器人。

同时工业机器人也可按应用领域分，比如搬运机器人、上下料机器人、焊接机器人、码垛机器人、喷涂机器人等。

（4）工业机器人的组成

工业机器人由本体、驱动系统和控制系统3个基本部分组成。

本体即机座和执行机构，包括臂部、腕部和手部，有的机器人还有行走机构。

驱动系统包括动力装置和传动机构，用以使执行机构产生相应的动作。

控制系统是按照输入的程序对驱动系统和执行机构发出指令信号，并进行控制。下面以 HSR-JR612 工业机器人为例进行说明。

工业机器人常见的类型为如图 1-2 所示的六轴工业机器人，六个自由度表示其能在空间运动的六种运动可能，即前后运动、左右运动、上下运动与左右回转、上下俯仰、侧向扭转。每一个自由度代表一种运动可能。每一个自由度由一个运动关节（轴）控制，一个关节（轴）的运动由一个电动机或者液压等方式提供动力以对关节进行驱动，而电机受控制系统控制。根据工业机器人的类型不同，大多数工业机器人有 3～6 个自由度，出于拟人化考虑，常将工业机器人本体的有关部位分别称为基座、腰部、臂部、腕部、手部等。

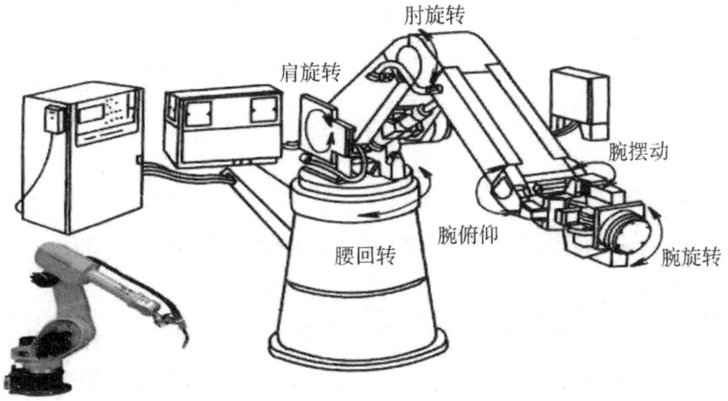

图 1-2　六轴工业机器人

如图 1-3 所示为一典型的六轴工业机器人，J1、J2、J3 为定位关节，手腕的位置主要由这 3 个关节决定；J4、J5、J6 为定向关节，主要用于改变手腕姿态。

工业机器人驱动系统的作用是为执行元件提供动力，驱动系统的传动有液压、气动、电动 3 种类型。如上我们介绍的 HSR-JR612 工业机器人采用电动伺服驱动方式（交流电动机）。驱动装置一般还会加入位置传感器、速度传感器等传感器装置来实现位置、速度和加速度的检测，从而实现工业机器人运动的闭环系统，如此能实现快速而频繁地启停并精确到位。

HSR-JR612 工业机器人的传动结构臂部采用 RV 减速器，腕部采用谐波减速器。

HSR-JR612 工业机器人的控制系统主要由 HTP 机器人示教器及运行在设备上的软件所组成。工业机器人控制器一般安装于机器人电气柜内部，控制机器人的伺服驱动、输入/输出等主要执行设备；机器人示教器一般通过电缆连接到机器人电气柜上，作为上位机通过以太网与控制器进行通信。借助 HTP 示教器，用户可以实现对工业机器人的操作、示教编程、参数设置、自动运行、状态监控等功能，故示教器是人们对工业机器人进行操作的输入装置。

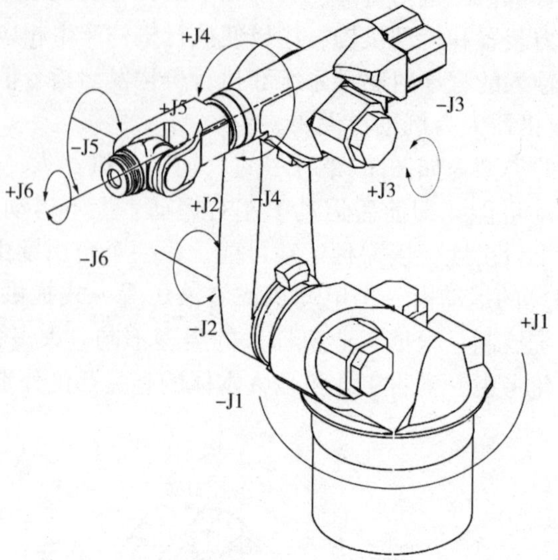

图 1-3　工业机器人相关部分

(5) 工业机器人的坐标系

为了使工业机器人方便编程操作与使用，一般将工业机器人的坐标系分为 4 种，即基坐标系、关节坐标系、工具坐标系、工件坐标系。

1）基坐标系（即笛卡儿坐标系）。基坐标系是工业机器人出厂设置的坐标系，操作者不能进行更改，是其他坐标系的参考坐标。基坐标系的原点位于 J1 和 J2 关节轴线的公垂线与 J1 轴线的交点处。通俗地说，正对机器人，上下方向为 Z 轴方向，垂直地面向上为 Z 轴正方向；前后方向为 X 轴方向，靠近自己为 X 轴正方向；左右方向为 Y 轴方向，向右为 Y 轴正方向。同时该坐标系的方向也满足笛卡儿坐标系右手定则。

2）关节坐标系，即为每个关节（轴）相对参考点位置的绝对角度。工业机器人关节坐标的默认原点绝对角度为 J1 轴 0°、J2 轴 0°、J3 轴 0°、J4 轴 0°、J5 轴 90°、J6 轴 0°。对各关节正方向的定义可以简单地记为 J2、J3、J5 关节以“抬起/后仰”为正，“降下/前倾”为负；J1、J4、J6 关节满足右手定则，即拇指沿关节轴线指向机器人末端，则其他 4 指方向为关节正方向。在关节坐标系中可以进行单个轴的运动操作。

3）工具坐标系，即以安装在工业机器人末端的工具执行点或者工具中心为依据的坐标系，其原点也称为 TCP（tool center point），默认工具坐标系的原点为 TCP0，工具坐标系能使现实工具与离线编程的工具相对机器人基坐标系的位置保持一致，故工具坐标系原点与方向都是随着工具末端执行器的位置与角度不断变化的。工具坐标系的创建见后续章节。

4）工件坐标系，即用户自定义坐标系。该坐标系可解决工件相同，但位置不同情况下程序的编写问题，比如焊接形状相同的 A、B 两条焊缝，但 A、B 焊缝位置角度有所差异，那么此时可以让机器人走相同的焊接轨迹，即执行相同的程序，只是需要使用 A、B 两个不同的工件坐标系而已。这样就简化了编程，对相同轨迹的工作不需要因工件的摆放位置不同而进行重复编程。工件坐标系的创建见后续章节。

基本操作

(1) 工业机器人的基本操作

本教材以华中数控机器人为例，华数 HSpad 示教器是用于华数工业机器人的手持编程器，如图 1-4 所示是华数 HSpad 示教器和机器人的连接示意图。

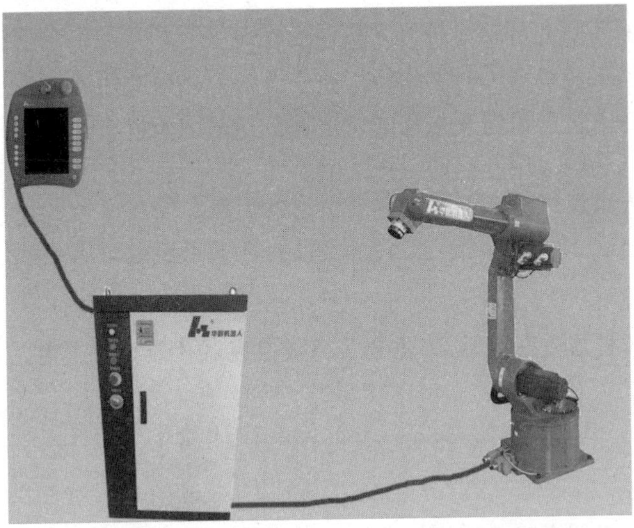

图 1-4 华数 HSpad 和华数机器人的连接示意图

华数 HSpad 示教器具有使用华数工业机器人所需的各种操作和显示功能。在该书中，华数 HSpad 示教器通常以“HSpad”简称，即华数 pad 之意，如图 1-5 所示为 HSpad 的正反面。

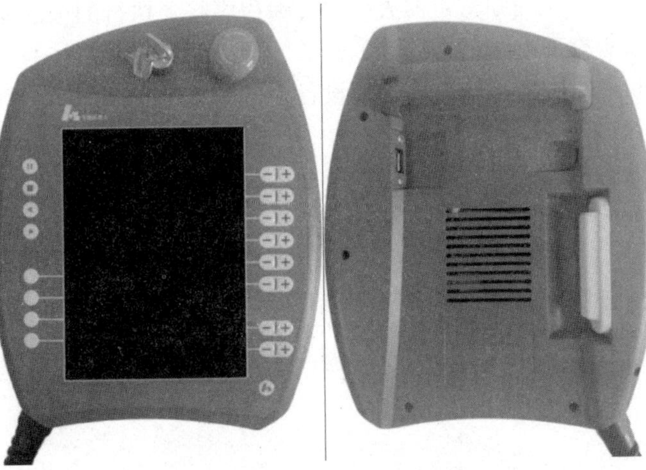

图 1-5 华数 HSpad 示教器

1）正确开关机。

①旋转电控柜上的转换开关。

②旋转电控柜上的急停按钮解开急停。

③旋转 HSpad 上的急停按钮解开急停。

④按下电控柜上的使能开关。

关机按下 HSpad 和电控柜上的急停按钮，然后关闭转换开关即可。

安全注意事项：

①华数机器人使用人员必须对自己的安全负责。

②用户在使用华数机器人时必须使用安全设备，必须遵守安全条款。

③程序的设计人员、机器人系统的设计人员和调试人员、安装人员必须熟悉华数机器人的编程方式、系统应用及安装。

④华数机器人可以以很高的速度移动很远的距离。

华数机器人断电后，需要等待放电完成才能再次上电。

安全操作规程：

①在点动操作机器人时要采用较低的速度倍率以增加对机器人的控制机会。

②在按下示教盒上的点动运行键之前要考虑机器人的运动趋势。

③要预先考虑好避让机器人的运动轨迹，并确认该线路不受干涉。

④机器人周围区域必须清洁，无油、水及杂质等。

2）示教器的基本认识。

注意事项：

①在开机运行前，必须知道机器人根据所编程序将要执行的全部任务。

②必须知道所有会影响机器人移动的开关、传感器和控制信号的位置和状态。

③必须知道机器人控制器和外围控制设备上的紧急停止按钮的位置，准备在紧急情况下使用这些按钮。

④永远不要认为机器人没有移动，程序就已经完成，因为这时机器人很有可能正在等待让它继续移动的输入信息。

操作：

①示教器功能按键，如图 1-6 和图 1-7 所示。

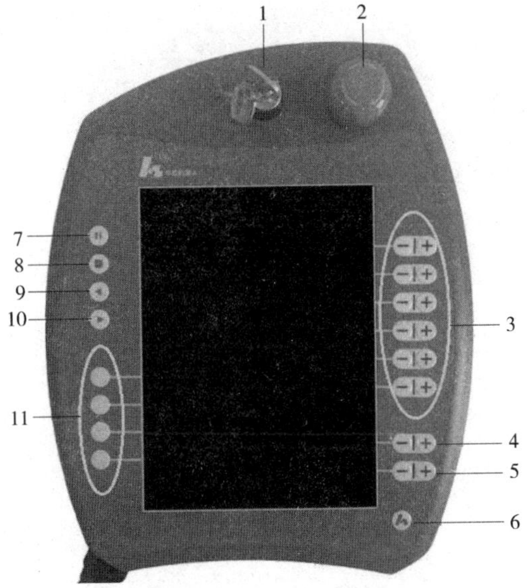

图 1-6　HSpad 正面

标签项	说　明
1	用于调出连接控制器的钥匙开关。只有插入了钥匙后，状态才可以被转换。可以通过连接控制器切换运行模式
2	紧急停止按键。用于在危险情况下使机器人停机
3	点动运行键（用于手动移动机器人）
4	用于设定程序调节量的按键（自动、外部运行倍率调节）
5	用于设定手动调节量的按键（手动运行倍率调节）
6	菜单按钮（可进行菜单和文件导航器之间的切换）
7	暂停按钮（运行程序时，暂停运行）
8	停止键（可停止正在运行中的程序）
9	预留
10	开始运行键（在加载程序成功后，点击该按键后开始运行）
11	备用按键

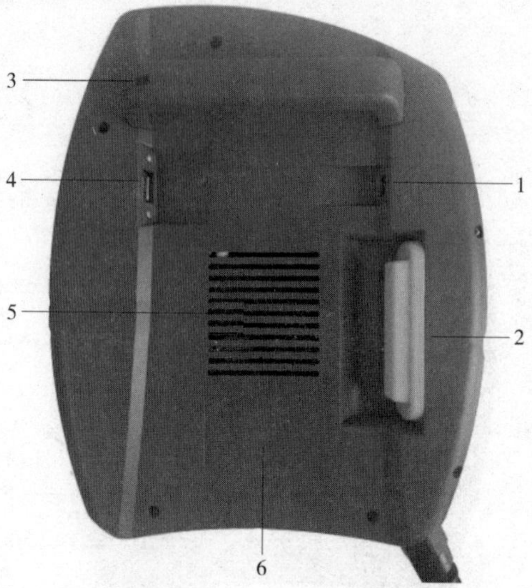

图 1-7 HSpad 背面

标签项	说 明
1	调试接口
2	三段式安全开关。安全开关有 3 个位置：①未按下；②中间位置；③完全按下 在运行方式手动 T1 或手动 T2 中，确认开关必须保持在中间位置，方可使机器人运动。在采用自动运行模式时，安全开关不起作用
3	HSpad 触摸屏手写笔插槽
4	USB 接口，被用于存档 / 还原等操作
5	散热口
6	HSpad 标签型号粘贴处

②示教器基本操作界面，如图1-8所示。

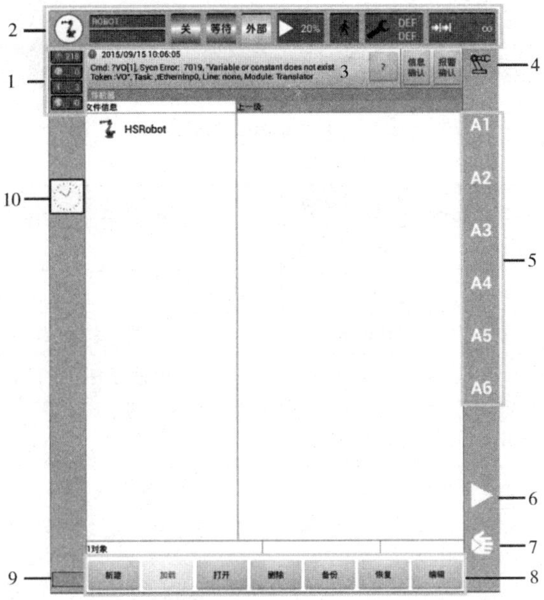

图1-8　HSpad基本操作界面

标签项	说　明
1	信息提示计数器。信息提示计数器显示，提示每种信息类型各有多少条等待处理。触摸信息提示计数器可放大
2	状态栏
3	信息窗口 根据默认设置将只显示最后一个信息提示。触摸信息窗口可显示信息列表。列表中会显示所有待处理的信息。可以被确认的信息可用确认键确认 信息确认键确认所有除错误信息以外的信息 报警确认键确认所有错误信息。按键可显示当前信息的详细信息
4	坐标系状态。触摸该图标就可以显示所有坐标系，并进行选择
5	点动运行指示。如果选择了与轴相关的运行，这里将显示轴号（A1、A2等）。如果选择了笛卡儿式运行，这里将显示坐标系的方向（X、Y、Z、A、B、C）。触摸图标会显示运动系统组选择窗口。选择组后，将显示为相应组中所对应的名称
6	自动倍率修调图标
7	手动倍率修调图标
8	操作菜单栏。用于程序文件的相关操作
9	网络状态。红色为网络连接错误，检查网络线路问题。黄色为网络连接成功，但初始化控制器未完成，无法控制机器人运动。绿色为网络初始化成功，HSpad正常连接控制器，可控制机器人运动
10	时钟。时钟可显示系统时间。单击时钟图标就会以数码形式显示系统时间和当前系统的运行时间

③状态栏，如图 1-9 所示。

图 1-9　HSpad 状态栏

标签项	说　明
1	菜单键。功能同菜单按键功能
2	机器人名称。显示当前机器人的名称
3	加载程序名称。在加载程序之后，会显示当前加载的程序名
4	使能状态。绿色并且显示“开”，表示当前使能打开。红色并且显示“关”，表示当前使能关闭。单击可打开使能设置窗口，在自动模式下单击开/关可设置使能开关状态。窗口中可显示安全开关的按下状态
5	程序运行状态。自动运行时，显示当前程序的运行状态
6	模式状态显示。模式可以通过钥匙开关设置，模式可设置为手动模式、自动模式、外部模式
7	倍率修调显示。切换模式时会显示当前模式的倍率修调值。触摸会打开设置窗口，可通过加/减键以 1%的单位进行加减设置，也可通过滑块左右拖动设置
8	程序运行方式状态。在自动运行模式下只能是连续运行，手动 T1 和手动 T2 模式下可设置为单步或连续运行。触摸可打开设置窗口，在手动 T1 和手动 T2 模式下可单击连续/单步按钮进行运行方式切换
9	激活基坐标/工具显示。触摸可打开窗口，单击工具和基坐标选择相应的工具和基坐标进行设置
10	增量模式显示。在手动 T1 或者手动 T2 模式下触摸可打开窗口，单击相应的选项设置增量模式

3）手动操作机器人单轴运动。工业机器人正常开机并确认安全注意事项后，将 HSpad 正面的钥匙旋转并选择“手动 T1”状态后旋回，触摸单击坐标系状态开关并选择“关节坐标”，确认状态栏当前手动运行速度，刚开始操作应尽量选择 30%以下低速运动，确保安全无误后，左手持 HSpad 示教器并用手指握住使能按钮，使能按钮保持于中间状态，此时右手便可按压操作 A1～A6 的点动运行键，机器人相应的关节 J1～J6 则会按状态栏选择的速度进行运动。如有紧急情况发生，右手立即拍下急停按钮（同时左手也可以松开使能按钮）确保安全。

4）手动操作机器人直线运动。与单周运动一样确认安全事项后，将状态栏调到“手动 T1”，然后触摸单击坐标系状态开关并选择“基坐标”，确认当前手动运动速度为低速运动，确保安全无误后，同样左手握着使能按钮，右手再分别按压 A1～A6 点动按钮则分别变为机器人的 X、Y、Z 方向的直线运动及绕 A、B、C 轴的旋转运动。

（2）工具坐标系的创建

1）工具坐标 4 点法标定。将待测量工具从 4 个不同方向对准同一个参照点（尖点标定工具)，同时每个方向的法兰位置必须分散开足够的距离，即以 4 个不同姿态使工具末端固定点靠近并对准同一个参照点，如图 1-10 所示是对测量工具（焊枪）的工具坐标（TCP）的校准。

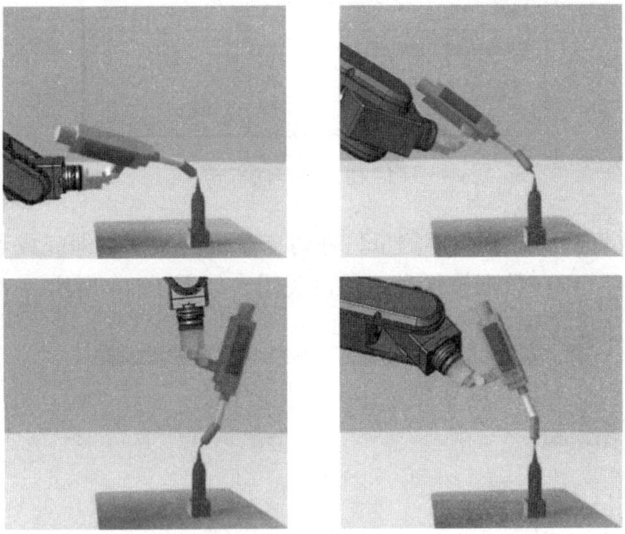

图 1-10　工具坐标的校准

标定 TCP 时需确认待测量的工具已安装在机器人末端，并切换到 T1 模式后才能进行。4 点法不能标定姿态，即标定后坐标系的方向为默认方向，与 TCP0 一致。

操作步骤：

①在菜单中选择投入运行→测量→工具→4 点法。

②为待测量的工具输入工具号和名称。单击“继续”键确定，如图 1-11 所示。

③用 TCP 移至任意一个参照点，单击记录。单击“确定”键确定。完成第一个点位的测量，如图 1-12 所示。

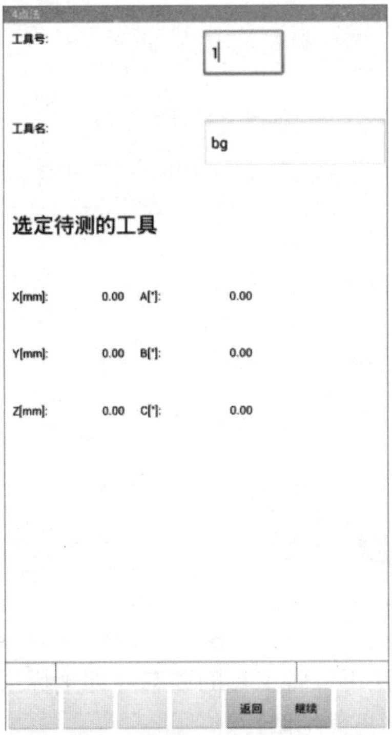

图 1-11　四点法标定

图 1-12　四点法标定

④用 TCP 从另一个点位朝参照点移动，单击记录。单击“确定”键确认。完成第二个点位的测量，如图 1-13 所示。

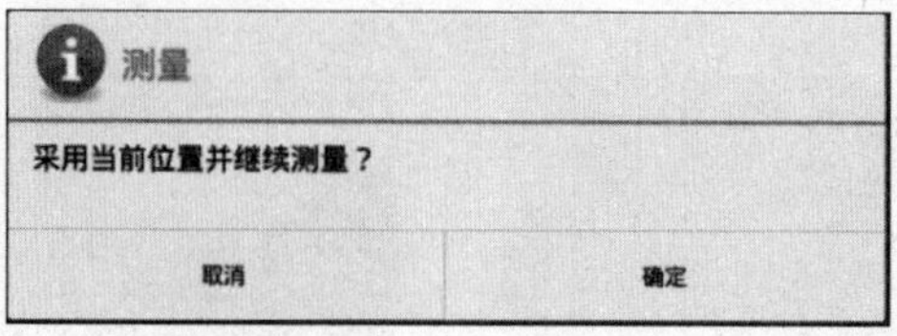

图 1-13　四点法标定

⑤将步骤④重复两次。分别再测量另外两个点位的数据，即完成 4 点法的标定。

⑥单击“保存”键，数据被保存，窗口关闭，如图 1-14 所示。

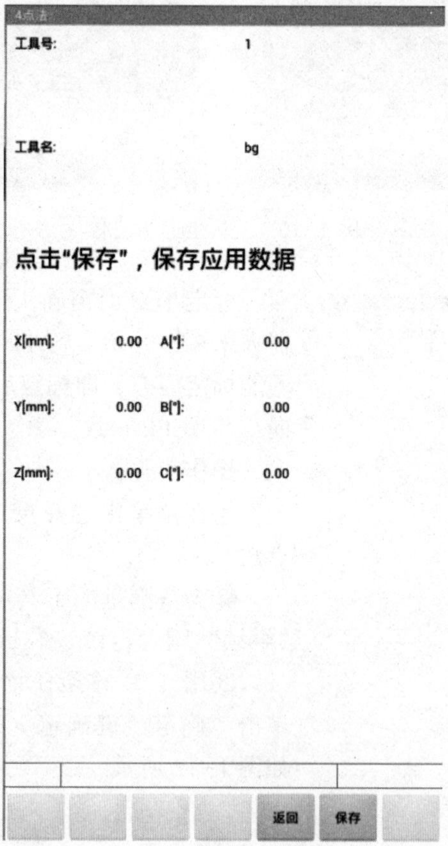

图 1-14　四点法标定

2）工具坐标 6 点法标定。与 4 点法类似，6 点法可以将工具的姿态（即坐标系的方向）给标定出来。具体方法参考 4 点法，这里就不再详细阐述。

（3）工件坐标系的创建

基坐标 3 点法。

> 基坐标标定必须选择在默认基坐标下进行。

工件坐标系是通过 3 点即可确定一个坐标系的原理进行创建，即通过自定一个原点，再确定 X 方向、Y 方向上的延伸点，重新设定新的基坐标系。此方法可以根据当前零件的位置与摆放姿态（方向）自定义工件坐标系的原点位置及 X、Y、Z 的方向，以便程序轨迹能够符合当前工件的摆放姿态。

操作步骤：

①在菜单中选择投入运行→测量→基坐标→3 点法。

②选择待标定的基坐标号，可设置备注名称，如图 1-15 所示。

图 1-15　基坐标三点法

③移动到基坐标原点，记录原点坐标。

④移动到标定基坐标的 Y 方向的某点，记录坐标。

⑤移动到标定基坐标的 X 方向的某点，记录坐标。

⑥按下标定，程序计算出标定坐标。

⑦按下保存，存储基坐标的标定值。

⑧标定完成后，按下移动到点，可移动到标定坐标。

项目2 工业机器人轨迹编程

学习目标

1. 知识目标

(1) 掌握工业机器人的结构。

(2) 理解工业机器人坐标系的意义。

(3) 熟悉示教器的操作界面及基本功能。

2. 技能目标

(1) 会起动工业机器人。

(2) 能完成单轴移动的手动操作。

(3) 会操作示教器控制工业机器人回参考点。

3. 素质目标

(1) 提高与人沟通交流的能力。

(2) 提高查阅图纸资料、搜集相关知识信息的能力。

任务 2.1 示教器基本操作

• 手动运行机器人

首先学会能让机器人各个轴进行移动，再学习机器人程序编写，让机器人按照需求进行运动。

在开机状态，满足安全条件下，逆时针旋转钥匙开关，弹出如图 2-1 所示运行模式界面。选择手动 T1，再顺时针旋转钥匙开关。

图 2-1 运行模式界面

4 种运行模式的应用及区别，如表 2-1 所示。

表 2-1　　运行模式

运行方式	应用	速度
手动 T1	用于低速测试运行、编程和示教	编程示教： 编程速度最高 125mm/s 手动运行： 手动运行速度最高 125mm/s
手动 T2	用于高速测试运行、编程和示教	编程示教： 编程速度最高 250mm/s 手动运行： 手动运行速度最高 250mm/s
自动模式	用于不带外部控制系统的工业机器人	程序运行速度： 程序设置的编程速度 手动运行： 禁止手动运行
外部模式	用于带有外部控制系统（例如 PLC）的工业机器人	程序运行速度： 程序设置的编程速度 手动运行： 禁止手动运行

初学时，选择手动 T1，坐标系选择轴坐标系，左手轻轻按下伺服使能，使 A1～A6 轴由白色变为绿色，保持伺服使能处于打开状态，手动倍率在 30%以内，依次按 A1～A6 轴的“+”“-”按键。各轴方向，如图 2-2 所示。

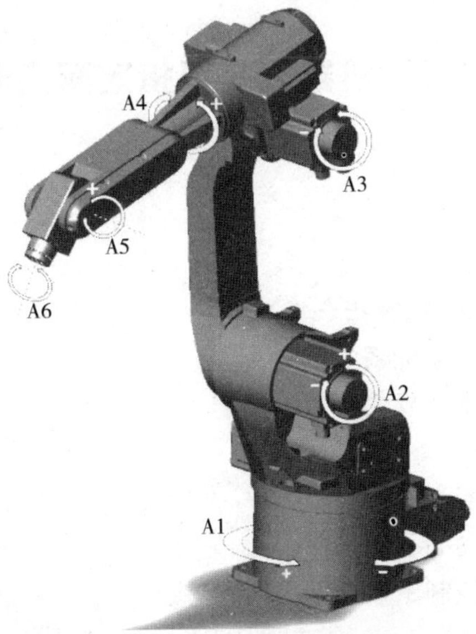

图 2-2　机器人各轴方向

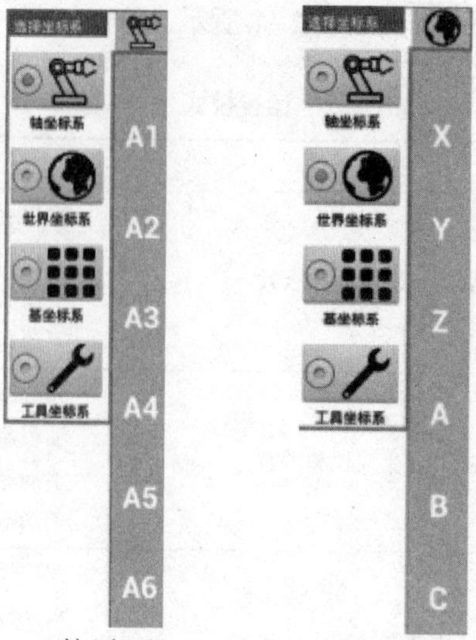

A 轴坐标系　　B 世界坐标系

图 2-3　坐标系选择

图 2-2 中，A1、A4、A6 轴的方向按右手定则进行判定。具体方法是，伸出右手，大拇指指向机器人末端，四指弯曲方向就是各轴运动的正方向。

再将坐标系选择为世界坐标系，如图 2-3B 所示，左手轻轻按下伺服使能，使 X、Y、Z、A、B、C 由白色变为绿色，保持伺服使能处于打开状态，手动倍率在 30%以内，依次按 X、Y、Z、A、B、C 的“+”“-”按键。

X、Y、Z：用于沿选定坐标系的轴进行线性运动。

A、B、C：用于沿选定坐标系的轴进行旋转运动。

任务 2.2　机器人实现指定两点间的运动

学习目标

1. 知识目标

（1）MOVE 指令和 MOVES 指令学习。

（2）理解工业机器人坐标系的意义。

（3）熟悉示教器的操作界面及基本功能。

2. 技能目标

（1）会起动工业机器人。

（2）能完成单轴移动的手动操作。

（3）会操作示教器控制工业机器人回参考点。

3. 素质目标

（1）提高与人沟通交流的能力。

（2）提高查阅图纸资料、搜集相关知识信息的能力。

熟悉了机器人及示教器的基本界面及操作后，编程实现指定两点间的往复运动，如图 2-4 所示。

图 2-4　两点间的移动

相关知识

（1）操作步骤

1）新建程序，如图 2-5 所示。

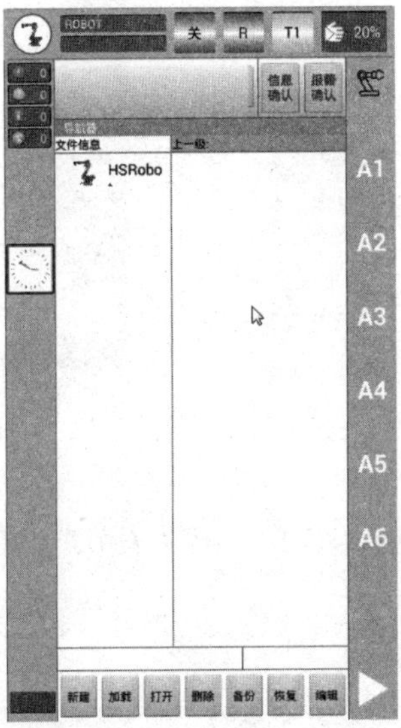

图 2-5　导航窗口

2）输入程序名，单击确定，如图 2-6 所示。

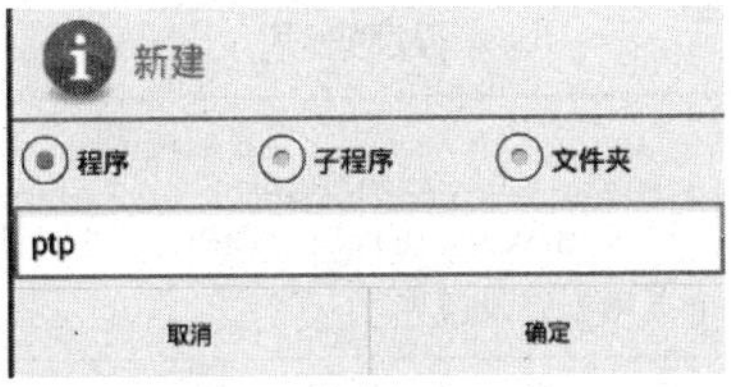

图 2-6　新建对话框

3）打开新建的程序进行编程，如图 2-7 所示。

4）单击指令，选择运动指令/MOVE，如图 2-8 所示。

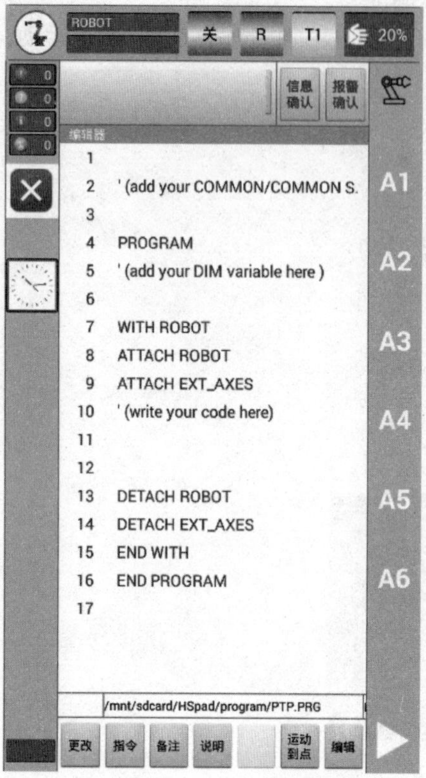

图 2-7 程序编辑器

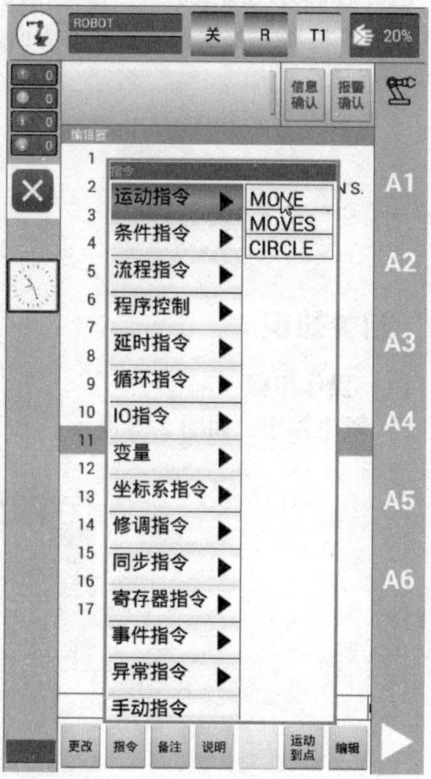

图 2-8 选择运动指令

5）手动移动机器人到 P1 点，单击“记录关节”，单击确定，如图 2-9 所示。

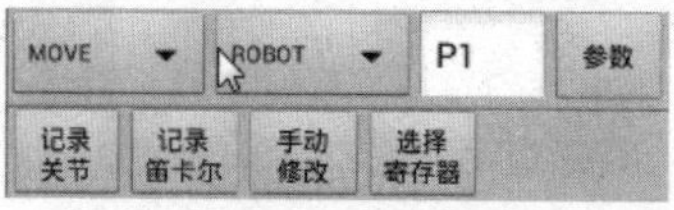

图 2-9 记录关节

程序说明，如表 2-2 所示。

表 2-2　程序说明

编号	说明
1	选择指令，可选 MOVE、MOVES、CIRCLE 三种指令。当选择 CIRCLE 指令时，会话框会弹出两个点用于记录位置
2	选择组，可选择机器人组或者附加轴组
3	新记录的点的名称，光标位于此时可单击记录关节或记录笛卡儿赋值
4	参数设置，可在参数设置对话框中添加/删除点对应的属性，在编辑参数后，单击确认，将该参数对应到该点

续表

编号	说明
5	为该新记录的点赋值为关节坐标值
6	为该新记录的点赋值为笛卡儿坐标
7	单击后可打开一个修改各个轴点位值的对话框，打开可进行单个轴的坐标值修改
8	可通过新建一个 JR 寄存器或者 LR 寄存器保存该新增加点的值，可在变量列表中查找到相关值，便于以后通过寄存器使用该点位值

6）重复第 4）步和第 5）步，编写程序如下：

```
MOVE ROBOT P1
MOVE ROBOT P2
```

完成程序编写后，关闭程序编辑器，如图 2-10 所示。

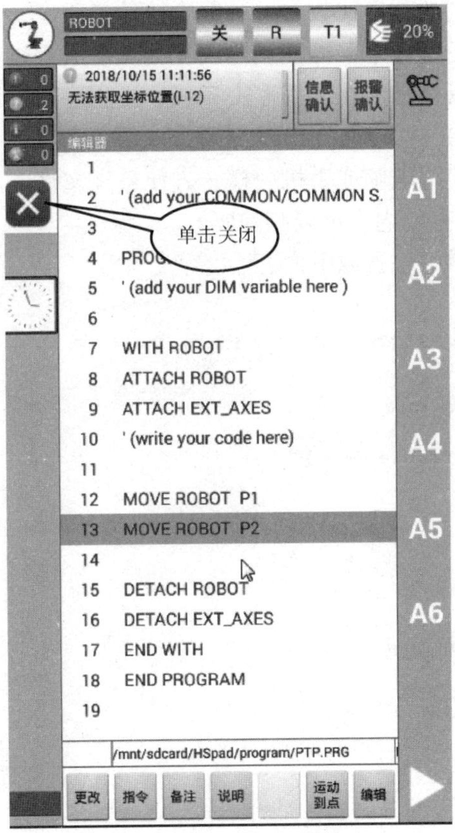

图 2-10　关闭程序编辑器

弹出的对话框中选择保存，如图 2-11 所示。

7）在导航窗口中选择 PTP. PRG，单击加载，加载后才能运行程序，但不能更改程序。加载后，按住安全开关，保持伺服使能处于打开状态，程序运行状态选择连续，

图 2-11　保存程序文件

按下运行键，机器人则在 P1 和 P2 点间往复运动。

（2）操作中的知识要点

通过上述操作我们初步能对机器人进行编程了，但是以上操作过程中，我们是模仿操作，对操作中出现的知识没有作具体介绍。

1）新建对话框中，程序、子程序、文件夹如何使用呢？

刚开始学习时，用到的程序比较短，一般直接选择程序，当慢慢熟悉了之后，程序逐渐变长，我们就要用子程序了，即使用模块化编程。编程过程中，我们一般写一个主程序，若干个子程序，具体功能在子程序中完成，主程序通过调用子程序实现预定的功能，其中 PRG 为主程序文件类型，LIB 为子程序文件类型。

新建文件夹和平时使用电脑或手机一样，方便整理文件。

2）程序编辑器中已有的内容可以删除吗？

打开编辑器，编辑器中包含以下内容：

```
1
2  '( add your COMMON/COMMON SHARED variable here )
3
4  PROGRAM
5  '( add your DIM variable here )
6
7  WITH ROBOT
8  ATTACH ROBOT
9  ATTACH EXT_ AXES
10  '( write your code here )
11
12
13  DETACH ROBOT
14  DETACH EXT_ AXES
15  END WITH
16  END PROGRAM
17
```

第 1、2、3 行，根据提示是定义 COMMON/COMMON SHARED 全局变量的位置，也就是说如果需要全局变量，应该定义在 PROGRAM 之前。全局变量可以在多个程序中使用。

第4行的PROGRAM和第16行的END PROGRAM之间的部分是主程序部分，可以理解为程序开始和结束的地方。

第5、6行是声明局部变量的地方，不允许在程序的其他部分声明变量。局部变量只能在当前程序中使用。

第7行WITH和第15行END WITH之间的部分是设定默认运动对象部分。在WITH…END WITH关键字中间区域的操作对象都为WITH后面设定的对象。WITH指令可以简化编程。另外，WITH指令不能嵌入使用，即不能在WITH指令区域里面再使用另外一个WITH指令，这样会导致报错。

使用举例：

```
A1.VMax=5000
A1.Vord=5000
A1.VCruise=3000
A1.PEMax=10
A1.PESettle=0.01 Move A1 100
```

使用WITH指令指定当前默认运动对象为A1后，上述代码可以替换成：

```
With A1
VMax=5000
Vord=5000
VCruise=3000
PEMax=10
PESettle=0.01
End With
```

第8、9行的ATTACH指令用来将运动对象绑定到该任务上。绑定的作用是防止其他任务操作该对象。DETACH用来将已绑定的对象解除绑定，其中ROBOT和EXT_AXES分别是绑定机器人和外部轴。

第11、12行就是自己写指令的地方。

3）运动指令。

①MOVE指令。

指令说明：以单个轴或某组轴（机器人组）的当前位置为起点，移动某个轴或某组轴（机器人组）到目标点位置。移动过程不进行轨迹以及姿态控制。工具的运动路径通常是非线性的，在两个点间任意运动，运动轨迹由机器人内容控制器算法确定。

指令语法：

```
Move <axis> | <group> <target position> {Optional Properties}
```

axis | group 轴或组轴。可以移动A1、A2、A3、A4、A5、A6、外部轴或ROBOT组轴（A1、A2、A3、A4、A5、A6合称为机器人组轴ROBOT）。外部轴只能使用MOVE指令进行移动。

示例：

```
a. MOVE A1 20 ABS = 0
```

A1轴从当前位置正方向运动20度，示例中，ABS设置为0表示，使用相对值运动。

```
b. MOVE ROBOT #{100,200,0,0,90,0} VCRUISE = 100
```

机器人组运动到坐标为# {100, 200, 0, 0, 90, 0} 的点，机器人组的运动是TCP（工具中心点）运动到了该位置，坐标为笛卡儿坐标，速度为100°/s。

target position 目标位置。该点的坐标位置，有以下三种形式。

a. 位置常量。就是直接以坐标常量的形式录入，坐标分为关节坐标和笛卡儿坐标，关节坐标就是A1、A2、A3、A4、A5、A6轴的角度，笛卡儿坐标是X、Y、Z、A、B、C的值。它们的表示如下。

笛卡儿坐标常量示例：# {100, 110, 100, 0, 0, 0}

关节坐标常量示例：{0, 0, 90, 180, -90, 0}

可以看到如果加了"#"号的常量是笛卡儿坐标常量，不加的就是关节坐标常量。

b. 位置变量。以P+数字记录的位置变量，如P1，P10等，该变量使用的CPU存储器，可能会被其他程序改变其值。

c. 寄存器变量。位置坐标寄存器中，对应的有关节坐标寄存器JR和笛卡儿坐标寄存器LR，如JR [1]，LR [1] 等。

使用时，用常量不方便书写，且不一定知道具体坐标值，用P存储器时，使用的是公共存储器，如果执行了多个程序，数据可能被更改。用LR寄存器和JR寄存器时，只要不改变相应的存储器，位置就不会发生改变，所以实际工程中，尽量使用寄存器来编写。

注意：第一，程序录入时，所有字符都是ASCII字符，需要在英文状态下录入，比如英文","，而中文逗号是"，"，改错时还非常非常困难。本书中程序虽然都经过了上机测试，但是录入时，为了统一，都是在中文状态录入的，符号是中文符号，一定要注意。

第二，书中有大小写，主要是方便读者阅读，程序中统一都是大写，即使输入的是小写，示教器也直接转换为大写，所以程序中不存在有小写的指令。

Optional Properties 指令参数。

指令参数（可选）：

MOVE指令包含一系列的可选属性ABSOLUTE（绝对值），VELOCITYCRUISE（速度），ACCELERATION（加速比），DECELERATION（减速比）等。属性设置后，仅针对当前运动有效，该运动指令行结束后，恢复到默认值。如果不设置参数，则使用各参数的默认值运动。

MOVE指令参数选项中，常用的是ABS参数，默认值为1，表示目标位置为绝对坐标。如果该参数的值更改为0，则表示相对坐标，提供的数据加上机器人当前位置坐标是目标位置的坐标。举例来看：

```
MOVE ROBOT #{100,100,100,0,0,0}
MOVE ROBOT #{100,100,100,0,0,0} ABS = 0
```

机器人首先运动到位置 {100, 100, 100, 0, 0, 0} 点，再运动到绝对坐标为 {200, 200, 200, 0, 0, 0} 点。

如果机器人的路径确定，姿态不变的情况下，使用ABS为0的参数能简化示教。运动更为准确，因为机器计算比人的示教要准确。

VCRUISE 关节运动速度，该参数可以调节机器人的运行速度，在不同的场合需要机器人有不同的速度，对所有运动指令来说都需要注意。默认值为180°/s，值越大，速度越快，但是太快，机器人就会发生抖动，运动不再平稳，所以需要酌情处理。

②MOVES指令。

指令说明：MOVES指令以机器人当前位置为起点，控制其在笛卡儿空间范围内进行直线运动，常用于对轨迹控制有要求的场合。该指令的控制对象只能是机器人组。

指令语法：

```
Moves <robot> <target position> {optional properties}
```

从指令语法中可以看出，MOVES指令的运动对象只能是机器人组，因为单个轴不可能实现直线运动，只能实现转动。目标位置的坐标可以是笛卡儿坐标常量，也可以是坐标变量，可以用LR寄存器，但是都只能用笛卡儿坐标，否则可能报错。因为控制器内部计算以笛卡儿坐标进行计算，如果硬要给关节坐标，可能产生错误。

指令参数（可选）：

MOVES可选属性包含——VTRAN（直线速度），ATRAN（直线加速比），DTRAN（直线减速比），VROT（旋转速度），AROT（旋转加速度），DROT（旋转减速度）等。属性设置后，仅针对当前运动有效，该运动指令行结束后，恢复到默认值。如果不设置参数，则使用各参数的默认值运动。

③CIRCLE指令。

指令说明：CIRCLE指令以当前位置为起点，CIRCLEPOINT为中间点，TARGET-POINT为终点，控制机器人在笛卡儿空间进行圆弧轨迹运动，同时附带姿态的插补。

指令语法：

```
Circle <group> CirclePoint=<vector> TargetPoint={<vector>} {Optional Property}
```

指令参数（可选）：

Circle指令可选属性包含——VTRAN（直线速度），ATRAN（直线加速比），DTRAN（直线减速比），VROT（旋转速度），AROT（旋转加速度），DROT（旋转减速度）等。属性设置后，仅针对当前运动有效，该运动指令行结束后，恢复到默认值。如果不设置参数，则使用各参数的默认值运动。

④运动指令总结。对华数II型机器人控制系统中运动相关指令进行了描述，其中Move指令控制机器人进行关节运动，Moves和Circle指令则控制机器人进行笛卡儿空间的插补运动（直线、圆弧）。Move指令相对于Moves以及Circle指令来说，其优点是可以让机器人拥有更快的移动速度，缺点是该指令只能确保机器人到目标点的位置，不能控制机器人在运行过程中的轨迹；而Moves和Circle指令会对机器人进行精确的轨迹以及姿态控制，但是这两个指令的运行速度较Move指令来说会慢一些。因此，在运动空间比较开阔，较少障碍物的情况下，使用Move指令控制机器人运动；在需要精确控制机器人运动轨迹，例如进入某一狭小空间操作时，使用Moves或Circle指令严格控制机器人轨迹会更安全。

任务 2.3　机器人绘制心形图案

学习目标

（1）进一步学习 MOVE 指令。

（2）进一步学习 MOVES 指令。

（3）学习 CIRCLE 指令。

绘制如图 2-12 所示的心形图案。

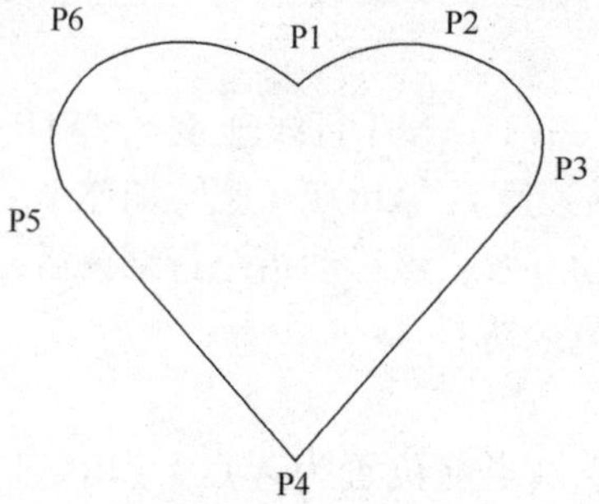

图 2-12　心形图案

任务实施

• 分析

该图形由两段圆弧和两条线段构成，首先使用 MOVE 指令将机器人移动到 P1 点，再使用 CIRCLE 指令绘制经过 P2 到达 P3 的圆弧，使用 MOVES 指令运动到 P4 点和 P5 点，最后用 CIRCLE 指令绘制经过 P6 点到达 P1 点的圆弧。

指令如下：

```
MOVE ROBOT P1
CIRCLE CIRCLEPOINT=P2 TARGETPOINT=P3
MOVES ROBOT P4
MOVES ROBOT P5
CIRCLE CIRCLEPOINT=P6 TARGETPOINT=P1
```

对于 CIRCLE 指令，按照以下操作步骤进行：

①在需要插入行的上一行。

②选择指令→运动指令→CIRCLE。

③选择机器人轴或者附加轴。

④单击 CirclePoint 输入框，移动机器人到需要的姿态点或轴位置，单击记录关节或者记录笛卡儿坐标，记录 CirclePoint 点完成。

⑤单击 TargetPoint 输入框，手动移动机器人到需要的目标姿态或位置，单击记录

关节或者记录笛卡儿坐标，记录 TargetPoint 点完成。

⑥配置指令的参数。

⑦单击操作栏中的确定按钮，添加 CIRCLE 指令完成。

任务2.4　机器人绘制圆角矩形

学习目标

（1）学会圆弧过渡参数 CP 的使用。

（2）学会 ABS 参数的使用。

（3）学会速度参数 VCRUISE 和 VTRAN 的使用。

使用圆滑过渡参数，绘制如图2-13所示的圆角矩形，其中圆弧矩形长200mm，宽120mm，圆弧半径30mm，机器人从原点 JR［1］到 P1 点时速度为60°/s，绘制矩形时速度为300mm/s。

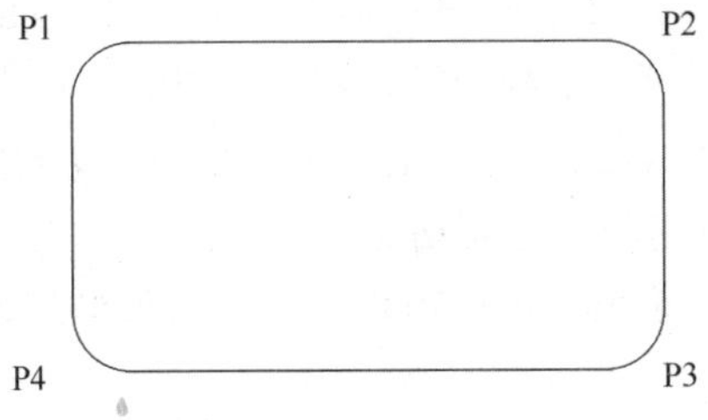

图2-13　圆角矩形

任务实施

- **分析**

要求使用圆滑过渡参数，所以放弃 MOVES 加 CIRCLE 指令完成的思路，使用上次学过的思路，使用 MOVES 指令绘制4条直线，并且参数加入 CP（过渡半径）。

指令如下：

```
MOVE ROBOT P1 VCRUISE = 60
MOVES ROBOT P1 CP=30  VTRAN = 300
MOVES ROBOT P2 CP=30  VTRAN = 300
MOVES ROBOT P3 CP=30  VTRAN = 300
MOVES ROBOT P4 CP=30  VTRAN = 300
```

解析：使用圆滑过渡时，直接加入过渡半径 CP 即可，该参数定义了圆滑过渡的起始位置，其单位为 mm。

路径为 A→B→C，在 B 点使用圆滑过渡功能，则 CP 值定义了圆滑过渡的起始点为 AB 路径上距离 B 点为该值位置。可理解为以 B 点为圆心，CP 值为半径作一圆，该圆与 AB 线段的交点即为圆滑过渡的起始点。

CP 模式仅适用于单一的运动指令中，在关节插补（MOVE）和笛卡儿插补（MOVES，CIRCLE）混合使用的情况下无效。

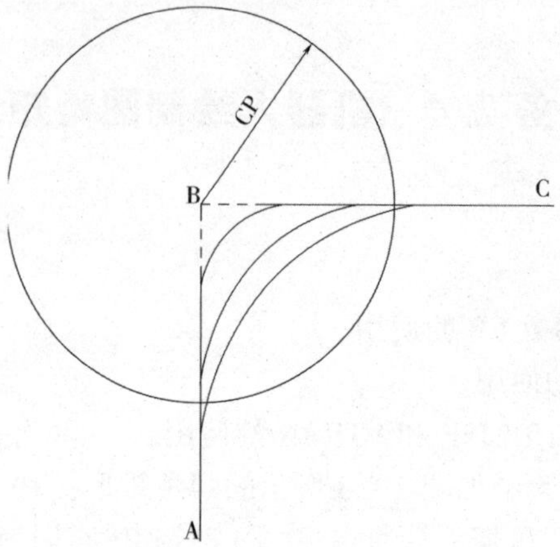

图 2-14　圆滑过渡

如图 2-14 所示，CP 值定义了圆滑过渡起始点到 B 点的距离。但是当 CP 的值设置为超过 AB 线段长度一半时，系统会默认将 CP 的值设置为 AB/2。即当 CP 值的有效范围为 0 到当前线段长度的 1/2，超过当前线段 1/2 长度的值会被限制在该值。另外当 CP 值设为 0 时，表示不使用圆滑过渡功能。

使用 CP 参数时，需要将 Blending Method（过渡类型）的值设置为 1，也是该参数的默认值。

在使用圆滑过渡参数时，我们还可以使用 Blending Factor（圆滑过渡）参数，该参数定义了圆滑过渡的起始位置，其值为百分比。使用 Blending Factor 参数时，需要将 Blending Method（过渡类型）的值设置为 2，此模式也称为 SP 模式（Super Position）。

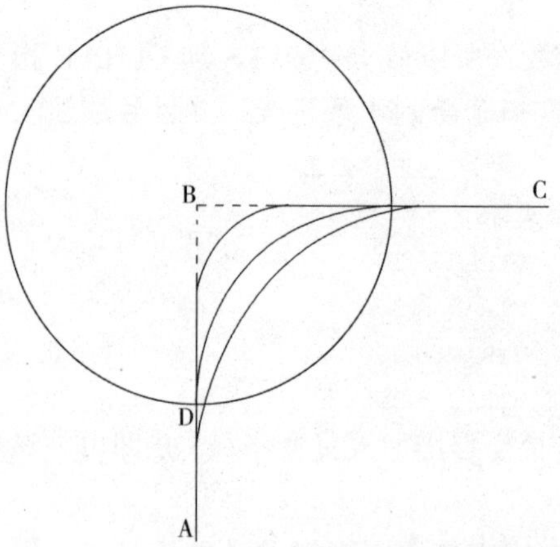

图 2-15　SP 模式

路径为 A→B→C，在 B 点使用圆滑过渡功能，则 Blending Factor 值定义了圆滑过渡的起始点 D 的位置：AD = Blending Factor * AB/100。

如图 2-15 所示，当该参数设置为 0 时，表示圆滑过渡从 A 点开始，C 点结束，整个新的路径完全不同于原有路径。当该参数设置为 100 时，表示不使用圆滑过渡功能。

SP 模式可以用于关节插补和笛卡儿插补的混合运动中。

圆滑过渡总结：

（1）在某一运动程序中，可以通过切换 Blending Method 的值使用不同的圆滑过渡方式。但是需要注意的是，仅当运动完全停止的情况下（ISMOVING=0），该值才能被修改。

（2）CP 与 BLENDING FACTOR 的值在运动指令后进行设置。

（3）BLENDING METHOD 设置为 1 时，BLENDING FACTOR 的设置不会对运动产生任何影响；同理，BLENDING METHOD 设置为 2 时，CP 的设置不会对运动产生任何影响。

（4）CP 设置为 0，BLENDING FACTOR 设置为 100 时，表示不进行任何圆滑过渡处理。

（5）在使用 SP 模式时，需要注意的是在多线段连续使用圆滑过渡时，如果有长线段接着短线段的情况，长线段运动指令中的 Blending Factor 值尽量设置得大一点，以防止圆滑过渡起始点到终点的距离大于下一段的运动距离，有可能造成运动的叠加导致报警。

进一步分析圆角矩形的程序，我们示教了 P1、P2、P3、P4 每一个点，即每一个点使用的都是绝对坐标，在参数中有 ABS（ABSOLUTE）参数，该参数默认值是 1，是绝对值，如果该参数的值设置为 0，则机器人的坐标值变为相对值。以绘制矩形为例，若将 ABS 的值设置为 0，则只需要示教 P1 点，其他点无须示教。指令如下：

```
MOVE ROBOT P1 VCRUISE = 60
MOVES ROBOT P1 VTRAN = 300
MOVES ROBOT #{200,0,0,0,0,0} ABS=0  VTRAN = 300 ‘该点的坐标为 P1点的坐标 X 值加200,其余不变
MOVES ROBOT #{0,120,0,0,0,0} ABS=0  VTRAN = 300 ‘该点的坐标为上一点的坐标 Y 值加120,其余不变
MOVES ROBOT #{-200,0,0,0,0,0} ABS=0  VTRAN = 300 ‘该点的坐标为上一点的坐标 X 值加-200,其余不变
```

在运动指令的参数中，我们要熟练使用速度参数和绝对值参数，熟悉圆弧过渡参数。使用 MOVE 指令时速度用 VCRUISE，默认值 VCRUISE = 100 °/s，使用 MOVES 或 CIRCLE 指令时使用 VTRAN，默认值 VTRAN = 1200 mm/s。

任务 2.5 机器人绘制 10 行 10 列的圆

学习目标

（1）编写子程序及子程序调用。

（2）WHILE 指令学习。

（3）FOR 指令学习。

（4）IF 指令学习。

（5）寄存器学习。

机器人绘制如图 2-16 所示 10 行 10 列的圆。每个圆的半径为 10mm，圆与圆之间的间距均为 10mm。

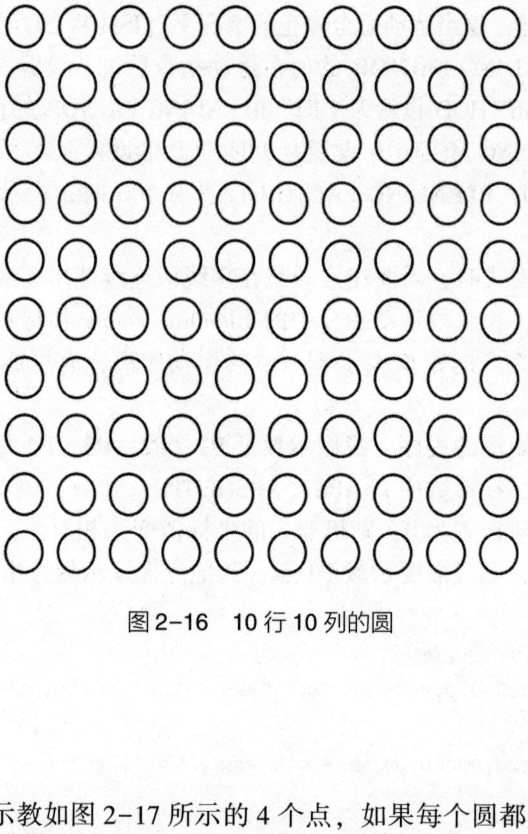

图 2-16　10 行 10 列的圆

任务实施

• 分析

绘制一个圆需要示教如图 2-17 所示的 4 个点，如果每个圆都用示教点去绘制，当然也是可以的，但是体现不了机器人的优势，所以必须找到简便的方法去绘制。分析上图中的圆，等半径，等间距，非常有规律。圆上的 4 个点只需要计算出 LR［20］的坐标，其他可以通过计算得出。图 2-17 中 LR［21］为 LR［20］的 *XY* 对应加半径，LR［22］为 LR［20］的 *X* 值加直径，LR［23］为 LR［20］的 *X* 值加半径，*Y* 值减半径。

第二个圆对应的坐标值是第一个圆对应的坐标加直径和间距的和，第三个圆对应的坐标值是前两个圆对应的坐标加直径和间距的和，以此类推。我们绘制第 *N* 个圆时，与第一个圆的关系应该如下：

X 坐标 $LR[20]_N$ = LR[20] + N MOD 10 *（直径+行距）

Y 坐标 $LR[20]_N$ = LR[20] + N / 10 *（直径+行距）

其中“MOD”是取余符号，获得圆的列标。“/”是整除符号，即获得的是整数，通过整除 10 获得圆的行标。

如果是 5 行 5 列，则取余 5，整除 5，如果是 6 行 6 列，则取余 6，整除 6，如图 2-17 所示。

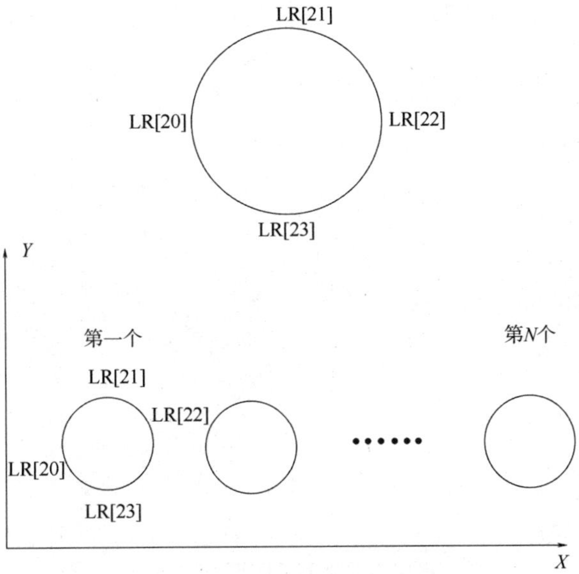

图 2-17　圆的位置

分析出每个圆的坐标后，总结一下编程思路，首先计算出 LR［20］的坐标，再计算出 LR［21］、LR［22］、LR［23］的坐标，调用绘制圆的子程序，绘制完圆后，统计绘制圆个数的 *N* 值加 1。

通过以上分析编程如下：

主程序：

```
'(ADD YOUR COMMON/COMMON SHARED VARIABLE HERE)
PROGRAM
'(ADD YOUR DIM VARIABLE HERE)
WITH ROBOT
ATTACH ROBOT
ATTACH EXT_ AXES
IR[20]=0
WHILE TRUE
IF IR[20]>99 THEN
IR[20]=0
END IF
LR[20]=LR[25]
LR[20]{1}=LR[25]{1}+(IR[20] MOD 10)*30
LR[20]{2}=LR[25]{2}+(IR[20] / 10)*30
LR[21]=LR[20]
LR[21]{1}=LR[20]{1}+10
```

```
LR[21]{2}=LR[20]{2}+10
LR[22]=LR[20]
LR[22]{1}=LR[20]{1}+20
LR[23]=LR[20]
LR[23]{1}=LR[20]{1}-10
LR[23]{2}=LR[20]{2}-10
CALL DRAW
IR[20]=IR[20]+1
SLEEP 100
END WHILE
DETACH ROBOT
DETACH EXT_ AXES
END WITH
END PROGRAM
```

DRAW 子程序：

```
PUBLIC SUB DRAW
MOVES ROBOT LR[20]
CIRCLE ROBOT CIRCLEPOINT=LR[21] TARGETPOINT=LR[22]
CIRCLE ROBOT CIRCLEPOINT=LR[23] TARGETPOINT=LR[20]
DELAY ROBOT 1000
MOVE ROBOT JR[20]
END SUB
```

程序解析：

（1）程序中使用了子程序，子程序在新建时选择子程序，子程序文件内容以 SUB 开始，END SUB 结束，存档后扩展名为 LIB。LIB 文件的文件名要与子程序名相同，且每个 LIB 文件仅能定义一个子程序。当主程序调用时，进入子程序执行，执行完后返回主程序中下一行程序继续执行。PUBLIC 关键字表示该子程序可以被其他程序调用。SUB 定义的子程序没有返回值，如果需要有返回值的子程序，需要使用 FUNCTION……END FUCTION 来定义。同样如果不使用 PUBLIC 关键字，只能在本程序中被调用，使用了该关键字，则可以在程序以外的地方被调用。

华中数控Ⅱ型示教器一个程序中，只能出现一个主程序，扩展名为 PRG，程序从主程序开始执行，执行至主程序的 END PROGRAM 处结束，通过调用子程序完成。如果项目中编程工作量较大，为了提高程序的可读性和复用性，也便于团队分工编程，尽量使用子程序来完成具体的工作。

（2）WHILE……END WHILE 循环指令。该指令用来循环执行包含在其结构中的指令块，直到条件不成立后结束循环。通常用来阻塞程序，直到某条件成立后才继续执行。

语法：

```
WHILE 条件
循环体
END WHILE
```

```
While <condition>
<code to execute as long as condition is true>
End While
```

执行时，当条件为真时，执行循环体部分，执行完循环体后，再判断条件，如果条件为真，继续执行循环体，直到条件为假时退出循环。

需要注意的是 WHILE 循环执行过程中会完全占用 CPU 资源，需要在循环的最后加上 SLEEP 指令，以释放 CPU 资源给其他任务，防止因为 CPU 占用率过高而产生报警。在程序中默认添加了 WHILE TRUE……END WHILE 语句，该循环是死循环，也称永真循环，执行时，进入循环后，就一直在循环内执行。

(3) 延时指令。

①SLEEP 指令。

SLEEP 指令能对程序进行延时。

语法：

```
Sleep<time>
```

time 的时间单位是 ms，最小值为 1。如果 SLEEP 指令在运动指令后一行，则延时开始时间与运动指令开始时间一致。如下面两条指令：

```
MOVES ROBOT P1
SLEEP 1000
```

上述指令中，假设机器人运动到 P1 点的时间是 5s，SLEEP 指令执行完 4s 后机器人才运动到 P1 点。

②DELAY 延时指令。

DELAY 指令用来延时机器人的运动。语法：

```
Delay <motionelement> <delaytime>
```

DELAY 指令最小延时时间为 2，单位 ms。DELAY 指令执行时，开始延时的时间是上一动作结束后，如下面两条指令：

```
MOVES ROBOT P1
DELAY ROBOT 1000
```

上述指令中，同样假设机器人运动到 P1 点的时间是 5s，DELAY 指令在机器人运动到 P1 点后才开始延时，延时 1s 后才执行后面的程序。

③SLEEP 指令与 DELAY 指令的区别。

DELAY 延时指令是针对机器人组的，其指令格式中必须带有运动对象，且最小延时时间为 2ms。SLEEP 延时指令针对的是程序（任务），该指令并不能控制运动对象的运动延时，只能控制程序（任务）执行过程的延时，SLEEP 指令的最小延时时间为 1ms。

(4) IF THEN ELSE 指令。条件指令 IF……THEN……ELSE……END IF 指令组的含义是“(IF) 如果条件成立，则执行 THEN 以后的指令。如果条件不成立，则执行 ELSE 后面的指令，跳过 THEN 后面的指令，其中 ELSE 可有可无。”

语法：

```
IF <condition> THEN
```

```
<first statement to execute if condition is true>
<multiple statements to execute if condition is true>
{ELSE
<first statement to execute if condition is false>
<multiple statements to execute if condition is false>}
END IF
```

IF 后面紧跟条件表达式，或者叫关系式，一般是由 = 等于、<>不等于、>大于、<小于、>= 大于等于、<= 小于等于符号连接的表达式，条件表达式可以是单个条件表达式，也可以是复合条件表达式，比如关系式 A>B，A<C，它们之间是“与”的关系，需要两个条件同时满足结果才为真，该表达式为 A>B AND A<C。两个条件只要满足其中一个就为真，就是“或”的关系，如 A>B 或 C>B，结果为真，表达式为 A>B OR C>B。如果满足条件表达式我们定义为真，不满足则为假，那么条件表达式的结果为真，则执行 THEN 后面的单条指令或指令体（多条指令把它们称为指令体），无论单条指令还是指令体，都要执行到 END IF 结束。如果有 ELSE 指令，如果条件为假，则跳过 THEN 后面的指令体，去执行 ELSE 后面的指令体，直到 END IF 指令结束。

示教器操作时，选择条件指令，选择 IF 指令，单击选项，弹出如图 2-18 所示的对话框，该对话框可以增加、修改、删除条件，多个条件可以进行“与”和“或”的连接。单击增加条件，弹出如图 2-19 所示对话框，该对话框可以增加条件表达式的录入。如果要录入任务中 LR［20］> 99，关系运算符左边的操作数选择“IR”，输入数值 20，关系运算符选择“>”，关系运算符右边的操作数选择“无”，输入 99，单击确定，完成关系表达式的添加。熟悉语法后，最好选择指令/手动指令，直接录入。

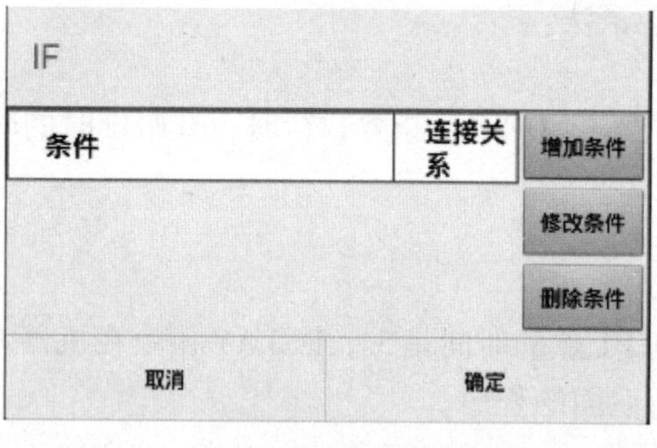

图 2-18　IF 指令

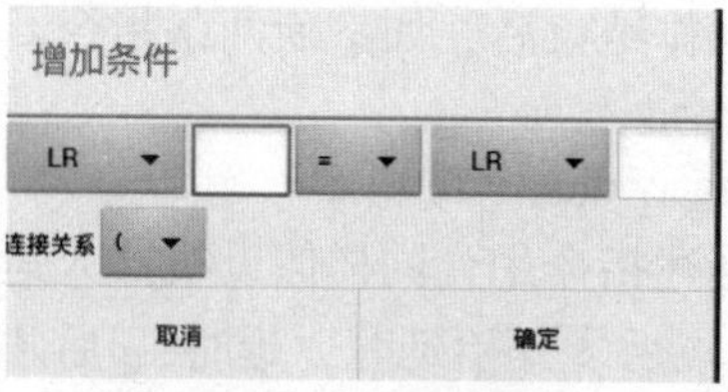

图 2-19　增加条件

（5）寄存器指令。对于坐标位置的寄存器是 LR 和 JR 寄存器，LR 是笛卡儿坐标位置寄存器，JR 是关节坐标位置寄存器，给坐标位置专用的寄存器，各有 1000 个。只要不对这个位置更改坐标，该坐标就不会改变，而 P 存储器则只要运行别的程序就可能出错。

访问或使用某一个寄存器的语法：

```
LR[NUM]
NUM 从1……1000。如 LR[20]
```

使用时，LR 和 JR 寄存器可以进行算术运算和关系运算，可以对 LR 寄存器中的元素进行访问。

如 LR［20］= LR［10］+LR［11］

访问元素的语法：

```
LR[NUM]{0……6}
```

NUM 的范围是 1 到 1000，0……6 分别表示 X、Y、Z、A、B、C，如 LR［20］{1} 表示 LR［20］寄存器的 *X* 值。

操作时，选择寄存器指令，单击选项，弹出如图 2-20 和图 2-21 所示对话框，图中数值代表的是寄存器号，就是前面的 NUM 的值，寄存器位就是 0……6 的一位。操作比较麻烦，建议使用手动指令进行手工录入。

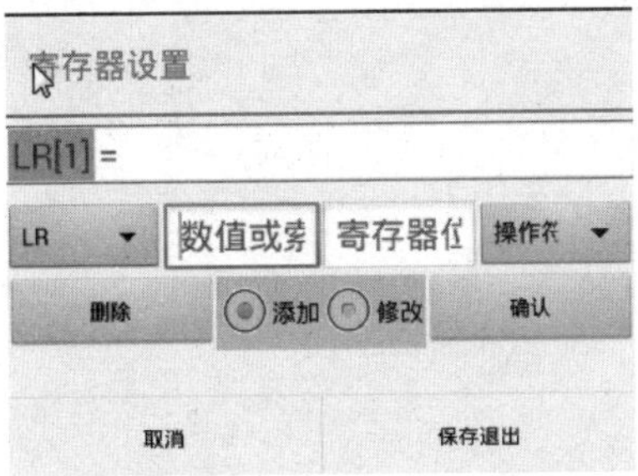

图 2-20　寄存器设置对话框

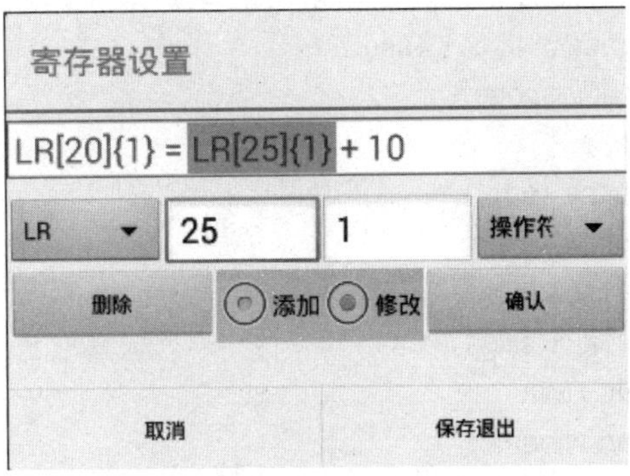

图 2-21　寄存器设置对话框

（6）变量列表。

我们不使用子程序，在主程序中完成，使用 FOR……NEXT 循环指令，首先计算出 LR［20］的坐标，再计算出 LR［21］、LR［22］、LR［23］的坐标，绘制圆，绘制完圆后，统计绘制圆个数的 *N* 值加 1，循环结束。

指令如下：

```
'( ADD YOUR COMMON/COMMON SHARED VARIABLE HERE )
PROGRAM
'( ADD YOUR DIM VARIABLE HERE )
DIM I AS LONG = 0
WITH ROBOT
ATTACH ROBOT
ATTACH EXT_ AXES
WHILE TRUE
IF I>99 THEN
I=0
END IF
FOR I = 0 TO 99
  LR [20] =LR [25]
  LR [20] {1} =LR [25] {1} + ( I MOD 10 )  * 30
  LR [20] {2} =LR [25] {2} + ( I / 10 )  * 30
  LR [21] =LR [20]
```

```
    LR [21] {1} =LR [20] {1} +10
    LR [21] {2} =LR [20] {2} +10
    LR [22] =LR [20]
    LR [22] {1} =LR [20] {1} +20
    LR [23] =LR [20]
    LR [23] {1} =LR [20] {1} -10
    LR [23] {2} =LR [20] {2} -10
    MOVES ROBOT LR [20]
    CIRCLE ROBOT CIRCLEPOINT=LR [21] TARGETPOINT=LR [22]
    CIRCLE ROBOT CIRCLEPOINT=LR [23] TARGETPOINT=LR [20]
    DELAY ROBOT 1000
    MOVE ROBOT JR [20]
  NEXT
  SLEEP 100
  END WHILE
  DETACH ROBOT
  DETACH EXT_ AXES
  END WITH
  END PROGRAM
```

以上程序同样实现了绘制 10 行 10 列圆的功能。我们重点讲解一下局部变量定义和 FOR 循环指令。

①变量定义指令。变量分为全局变量和局部变量，局部变量只能在本程序中使用，而全局变量可以在本程序以外的地方使用。

全局变量声明指令：

```
COMMON SHARED 变量名 AS {初值}
DIM SHARED 变量名 AS {初值}
```

指令说明：

COMMON SHARED 关键字定义的全局变量对于其他文件可见。DIM SHARED 关键字定义的全局变量仅对定义它的那个文件可见。全局变量必须使用 SHARED，用 COMMON 定义的变量可以在 LIB 子程序中使用，而 DIM 定义的变量只能在本文件的子程序中使用。通过下面的例程来说明全局变量的使用。

例程：使用 COMMON SHARED 声明一个全局整型变量 AX，使用 DIM SHARED 声明一个全局整型变量 AY，主程序中使用 IR [1]、IR [2] 显示 AX、AY 的值，SON1 中使用 IR [3]、IR [4] 显示 AX、AY 的值。SON2. LIB 文件中使用 IR [5] 显示 AX 的值。

```
'( ADD YOUR COMMON/COMMON SHARED VARIABLE HERE )
COMMON SHARED AX AS LONG
DIM SHARED AY AS LONG
PROGRAM
'( ADD YOUR DIM VARIABLE HERE )
WITH ROBOT
```

```
ATTACH ROBOT
ATTACH EXT_ AXES
AX = 6
AY = 16
IR[1] = AX
IR[2] = AY
CALL SON1
CALL SON2
DETACH ROBOT
DETACH EXT_ AXES
END WITH
END PROGRAM

SUB SON1
IR[3] = AX
IR[4] = AY
END SUB
'AX、AY 都能在本文件的子程序中使用。

SON2.LIB 文件中
PUBLIC SUB SON2
IR[5] = AX
END SUB
'AY 不能在 SON2子程序中使用。
```

局部变量定义的语法：

```
DIM 变量名 AS 数据类型 {初值}
```

指令说明：

DIM 关键字定义的变量必须放在程序结构中，即放在 PROGRAM……END PROGRAM，SUB……END SUB，FUNCTION……END FUNCTION 中，且定义的位置必须紧跟 PROGRAM，SUB，FUNCTION 关键字的下一行，不允许在程序结构的其他位置定义局部变量。不能使用 SHARED 关键字。

变量名只能由数字和字母组成，数据类型有 Long 型，Double 浮点类型。其他还有 String 字符串类型、Joint 关节坐标类型、Location 笛卡儿坐标类型、Error 错误类型、Note 提示类型、Generic Axis 通用轴类型、Generic Group 通用组类型。

Long 型数据占用 4 个字节，带符号，数据位 31 位，最大值为 2^{31}，最小值为-2^{31}。

Double 类型支持精确到 16 位精度的浮点型运算。

②FOR　NEXT 指令。

指令语法：

```
FOR <counter> = <start value> TO <end value> {STEP <stepsize>}
{<loopstatements>}
```

```
NEXT {<counter>}
```

执行时，只要满足循环条件就执行循环体，直到条件为假时，退出循环体，步长值语句可以省略，默认为循环变量的值自增 1，如果步长值为非 1，就需要把步长值表达式写出来。

扩展学习

我们在绘制 10 行 10 列的圆时，轨迹在水平的白板上，如果白板倾斜一定角度，我们该如何绘制呢？

项目3 工业机器人搬运编程

学习目标

1. 知识目标

(1) 理解工业机器人的坐标系。

(2) 掌握工业机器人关节位置数据的形式、意义及记录方法。

(3) 掌握工业机器人的相关编程指令。

(4) 掌握搬运程序的新建、编辑及加载方法。

2. 技能目标

(1) 能根据搬运任务进行工业机器人的运动规划。

(2) 能够新建、编辑和加载程序。

(3) 能建立工件坐标系和工具坐标系。

(4) 能灵活运用工业机器人的相关编程指令，使用示教器完成搬运程序的示教。

(5) 能完成搬运程序的调试和自动运行。

3. 素质目标

(1) 提高与人沟通交流、团结协作的能力。

(2) 提高查阅图纸资料、搜集相关知识信息的能力。

(3) 培养独立思考的能力。

项目描述

搬运机器人广泛应用于汽车、工程机械、轨道交通、军工、冶金、低压电器、医药及印刷出版等众多行业，用于机床上下料、冲压机自动化生产线、自动装配流水线、码垛搬运、集装箱等自动搬运生产环节，以提高生产效率、节省劳动力成本、提高搬运精度并降低搬运过程中的产品损坏率。

本项目通过“设定工具坐标系和工件坐标系”“示教搬运程序”“运行搬运程序”等任务强化机器人运动指令的使用，并学习 I/O 指令和坐标系指令的使用，使学生能对相关编程指令、示教器的相关操作、机器人工件坐标系和工具坐标系设定进行系统的了解和认识，达到对机器人搬运作业的操作、编程和维护的能力。

安全

(1) 作业人员须穿戴工作服、安全帽、安全鞋等。

(2) 接入电源时，请确认机器人的动作范围内没有作业人员。

(3) 必须切断电源后，方可进入机器人的动作范围内进行作业。

(4)“突发情况”使作业人员来不及实施“紧急停止”“逃离”等行为避开事故，极有可能导致重大事故发生。

“突发情况”一般有以下几种：

①低速动作突然变成高速动作。

②其他作业人员执行了操作。

③因周边设备等发生异常和程序错误，启动了不同的程序。

④因噪声、故障、缺陷等原因导致异常动作。

⑤误操作。

⑥原想以低速执行动作，却执行了高速动作。

⑦机器人搬运的工件掉落、散开。

⑧工件处于夹持、联锁待命的停止状态下，突然失去控制。

⑨相邻或背后的机器人执行了动作。

发生突发情况不应紧张，应该根据情况做出适宜的反应与对策。在平时工作或学习中应尽量减少或避免突发情况。

(5) 操作过程中注意以下机器人安全事项：

①发现有异常时，应立即按下紧急停止按钮。

②时刻注意机器人的动作，不得背向机器人进行作业。

③不需要使机器人动作和操作时，请切断电源后再执行作业。

④示教时，应先确认程序号码或步骤号码，再进行作业。

⑤示教作业完成后，应以低速状态手动检查机器人的动作。如果立即在自动模式下以100%速度运行，会因程序错误等因素导致事故发生。

⑥示教作业结束后，应进行清扫作业，并确认有无忘记拿走工具。作业区被油污染，遗忘了工具等原因，会导致摔倒等事故发生。确保安全首先从整理整顿开始。

任务3.1 设定工具坐标系和工件坐标系

学习目标

1. 知识目标

(1) 理解工具坐标系的含义。

(2) 理解工件坐标系的含义。

(3) 熟悉设定坐标系的操作。

2. 技能目标

(1) 能够根据实际情况选择坐标系种类。

(2) 能够建立工具坐标系。

(3) 能够建立工件坐标系。

3. 素质目标

(1) 提高与人沟通交流的能力。

（2）提高查阅图纸资料、搜集相关知识信息的能力。

任务描述

在对机器人进行搬运程序示教编程之前，需要构建起必要的编程环境，设定工具坐标系和工件坐标系。

本任务通过设定工具坐标系和工件坐标系的操作，使学生理解工具坐标系和工件坐标系的含义，掌握工具坐标系的四点标定及六点标定方法和工件坐标系的三点标定及四点标定操作方法。

相关知识

（1）工具坐标系的含义及标定方法

工业机器人一般是通过末端执行器，也就是安装在机器人末端的工具来夹取或握紧被控对象来进行操作的。

不同的机器人可以配置不同的工具。比如说，搬运机器人根据搬运对象可以选择夹持式机械手（夹爪）或者吸盘式的夹具作为工具，弧焊机器人使用弧焊枪作为工具，喷涂机器人则使用喷枪作为工具。

工具坐标系就是用于描述安装在机器人末端的工具的位置等参数数据的。它固连于机器人末端连杆坐标系，以工具中心点（tool center point，TCP）作为坐标原点。

一般六轴工业机器人默认工具 0 的工具中心点位于第 4、5、6 三个关节轴的交点，即机器人手腕中心点，坐标系方向如图 3-1 的 HSR-6 工业机器人的 0 号工具坐标系及图 3-2 中 HSR-6 工业机器人的吸盘工具坐标系所示。该工具坐标系的方向随腕部的移动而发生变化。

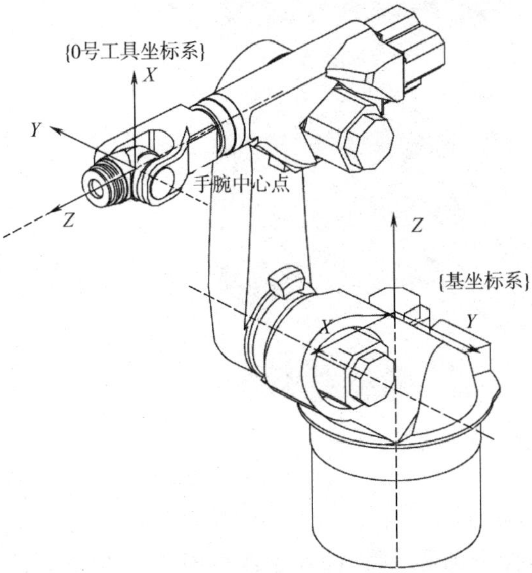

图 3-1　HSR-6 工业机器人的 0 号工具坐标系

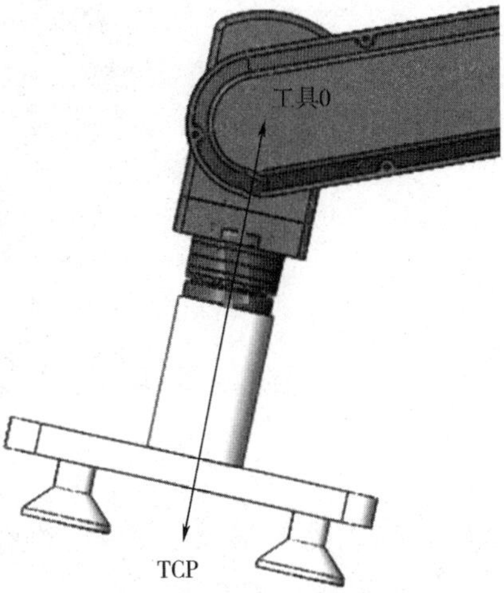

图 3-2　HSR-6 工业机器人的吸盘工具坐标系

由图 3-1 和图 3-2 可以看出，工具坐标系 0 就是机器人没有安装工具时的坐标系，当在机器人腕部法兰盘上安装工具（如图 3-2 中的真空吸盘）后，将所握工具的有效方向定义为 Z 轴，将工具尖端点 TCP 定义为坐标原点，可得到如图 3-2 所示的工具坐标系。

不管是何种类型的机器人，只要安装有工具，在示教前就需要建立准确的工具坐标系，只有在建立工具坐标系后，机器人的控制点才会转移到工具的 TCP 上，便于示教编程及后续操作。

工具坐标系的标定方法有两种：四点标定及六点标定。

1）四点标定是通过标定空间机器人末端在坐标系中的四个不同位置来计算工具坐标系，主要适用于相对于默认工具 0 的坐标方向没变，只是 TCP 相对于工具 0 的坐标值发生改变的使用情况，如图 3-2 所示的吸盘工具坐标系就可采用四点法来进行标定。

工具坐标系四点法标定操作步骤如下：

①首先在机器人工作范围内找到一个非常精确的固定点作为参考点。

②然后在工具上确定一个参考点（最好是工具的中心点）。

③用之前介绍的手动操纵机器人的方法，去移动工具上的参考点，以四种不同的机器人姿态尽可能与固定点刚好碰上，如图 3-3 所示。

④机器人通过这四个位置点数据计算求得 TCP 的数据，然后 TCP 的数据就保存在这个程序数据中被程序进行调用。

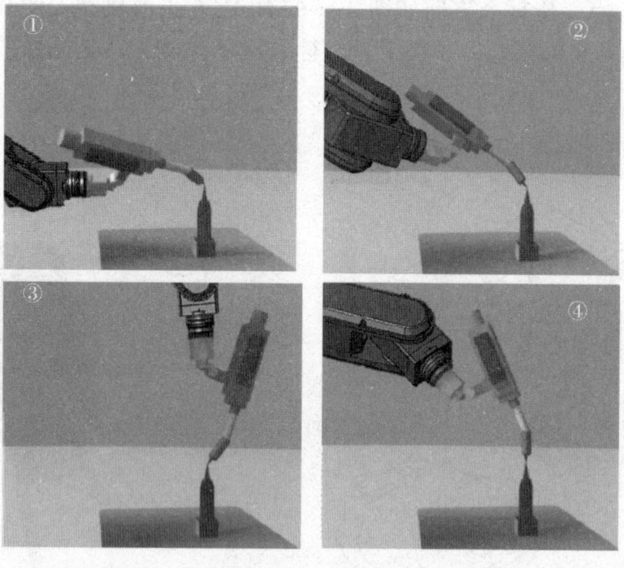

图 3-3　工具坐标系四点法标定示意图

2）六点标定是通过标定空间机器人末端在坐标系中的六个不同位置来计算工具坐标系，当使用的工具相对于默认工具 0 的坐标方向和 TCP 都发生改变时就需要使用六点标定来对工具坐标系进行计算，如图 3-4 所示的喷漆工具坐标系就需要采用六点法标定建立工具坐标系。

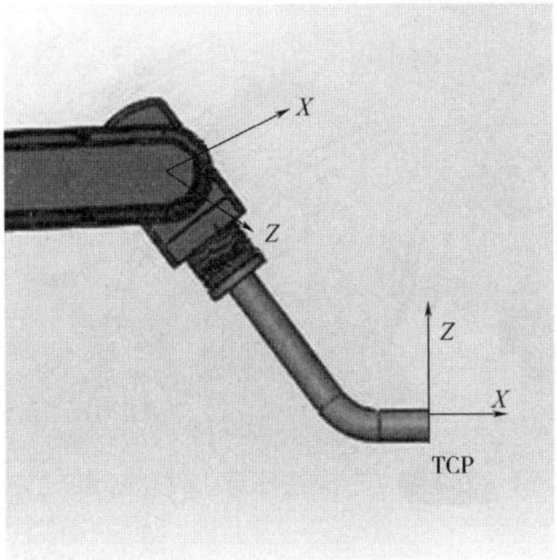

图 3-4 喷漆工具坐标系

工具坐标系六点法标定操作步骤如下：

①首先在机器人工作范围内找到一个非常精确的固定点作为参考点。

②然后在工具上确定一个参考点（最好是工具的中心点）。

③用之前介绍的手动操纵机器人的方法去移动工具上的参考点，以六种不同的机器人姿态尽可能与固定点刚好碰上。第四点是用工具的参考点垂直于固定点，第五点是工具参考点从固定点向将要设定为 TCP 的 *X* 方向移动，第六点是工具参考点从固定点向将要设定为 TCP 的 *Y* 方向移动。

④机器人通过这六个位置点数据计算求得 TCP 的数据，然后 TCP 的数据就保存在这个程序数据中被程序进行调用。

（2）工件坐标系的含义及标定方法

工件坐标系是由用户在工件空间定义的一个笛卡儿坐标系，工件坐标数据包括以下两种：（A1，A2，A3）用来表示距离基坐标系原点的位置，（A4，A5，A6）用来表示绕 *X* 轴、*Y* 轴、*Z* 轴旋转的角度。

当操作对象相对独立时，可以不建立工件坐标系，直接在基坐标系下描述工件。而当操作对象相对于某一位置有确定的坐标关系，或者操作对象间具有确定的位置联系，比如说在码垛工作中几个码垛位是相互关联的，那么就有必要建立工件坐标系，以更好地表达操作任务，简化编程便于操作。

工件坐标系可以用以下两种方式建立：三点标定和四点标定。

1）三点标定。如图 3-5 所示，将第一个标定点定为工件坐标系 *X* 轴的起点，将工具 TCP（即工具坐标中心点）沿工件坐标系的+*X* 方向移动一定距离，作为 *X* 方向的延伸点，再从工件 *XOY* 平面第一或第二象限内选取任意点，作为 *Y* 方向的延伸点。第一个标定点即为工件坐标系绝对原点。由此三点计算出工件坐标系。如图 3-6 所示为码垛工作台工件坐标系。

2）四点标定。工件坐标系的四点标定与三点标定类似。首先标定一个点，将第

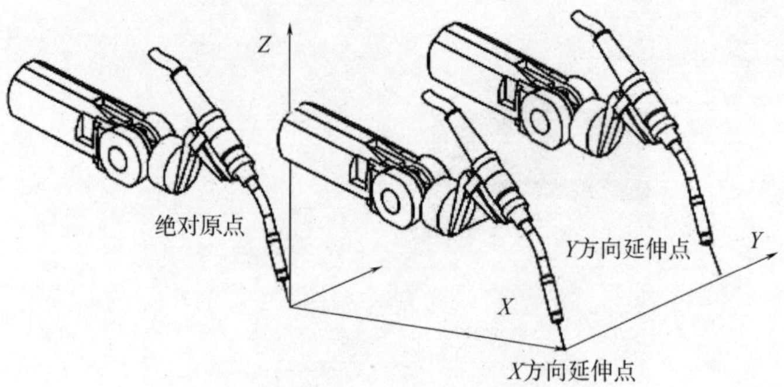

图 3-5　三点法标定工件坐标系

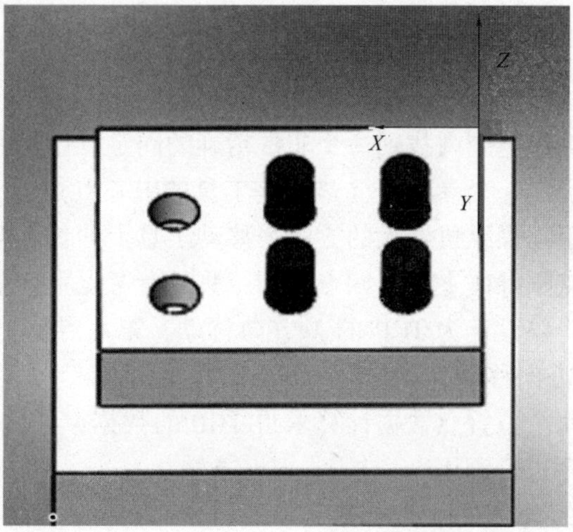

图 3-6　码垛工作台工件坐标系

一个标定点作为相对原点，将工具 TCP 沿工件坐标系的+*X* 方向移动一定距离，作为 *X* 方向的延伸点，再从工件 *XOY* 平面第一或第二象限内选取任意点，作为 *Y* 方向的延伸点，最后操作机器人到第四个点，作为绝对原点。由此四个点计算出工件坐标系。

任务实施

- **工具坐标系的设定**

1）四点法标定操作步骤。

①在菜单中选择投入运行→测量→工具→4 点法 。

②为待测量的工具输入工具号和名称，单击“继续”键确认，如图 3-7 所示。

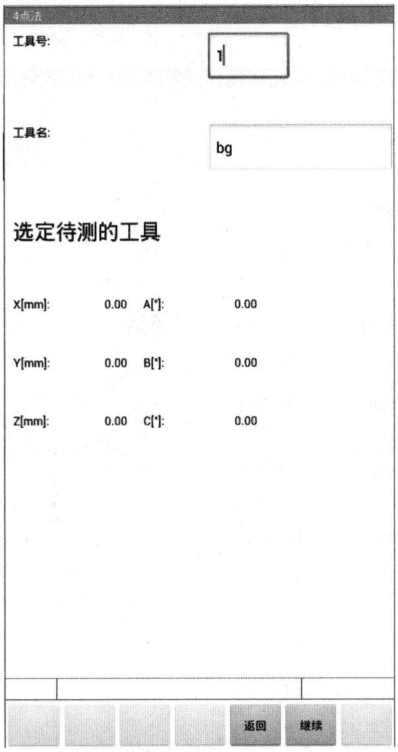

图3-7　工具号输入

③用TCP移至任意一个参照点，单击记录。单击“确定”键确认，如图3-8所示。

图3-8　记录第一个点位

④用TCP从一个其他方向朝参照点移动，单击记录。单击“确定”键确认，如图3-9所示。

⑤将步骤④重复两次。

图3-9　记录下一个点位

⑥单击保存，数据被保存，窗口关闭，如图 3-10 所示。

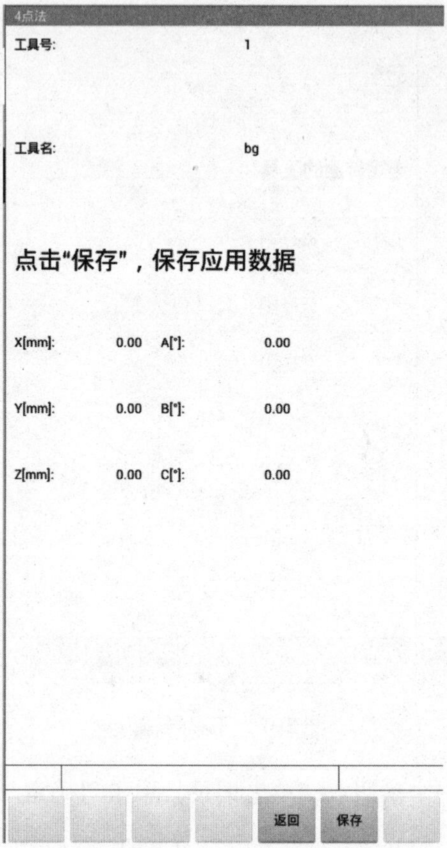

图 3-10　数据保存

2）六点法标定。

①在菜单中选择投入运行→测量→工具→6 点法 。

②为待测量的工具输入工具号和名称，单击“继续”键确认。

③用 TCP 移至任意一个参照点，单击记录。单击“确定”键确认，如图 3-11 所示。

④用 TCP 从一个其他方向朝参照点移动，单击记录。单击“确定”键确认，如图 3-12 所示。

图 3-11　记录第一个点位

图 3-12　记录下一个点位

⑤将步骤④重复两次。

⑥用 TCP 从参照点向将要设定的 *X* 方向移动，移动到一定位置，单击记录。单击“确定”键确认。

⑦用 TCP 从参照点向将要设定的 *Y* 方向移动，移动到一定位置，单击记录。单击“确定”键确认。

⑧单击保存，数据被保存，窗口关闭。

实操评价

教学内容	评价要点	评价标准	评价方式	考核方式	分数权重
任务 3.1　设定工具坐标系和工件坐标系	能否完成任务	是否完成任务	教师评价	答辩	0.2
	安全	能否按安全规程操作		操作	0.3
	运行调试	运行步骤正确		操作	0.3
	作业态度	积极主动，认真	小组评价	口试	0.1
	团队意识	主动交流、配合默契		口试	0.1

小结

（1）工具坐标系设定成功的关键在于什么？

（2）工件坐标系在什么时候使用？

自测题

（1）工具坐标系的含义及使用举例。

（2）工件坐标系的含义及使用举例。

任务 3.2　示教搬运程序

学习目标

1. 知识目标

（1）掌握工业机器人坐标系指令的使用。

（2）掌握工业机器人关节位置数据的形式、意义及记录方法。

（3）掌握工业机器人 I/O 指令的使用。

（4）掌握工业机器人搬运编程思路。

2. 技能目标

（1）能够使用坐标系指令调用坐标系。

（2）能够正确记录各运动点的位置数据。

（3）能够正确使用 I/O 指令。

（4）能够对机器人搬运进行运动规划。

（5）能够运用机器人各种指令进行程序编写并进行示教。

3. 素质目标

（1）提高独立思考、分析的能力。

（2）提高学以致用的能力。

任务描述

本任务通过搬运程序的示教编程，实现工件的搬运过程。本任务旨在使学生理解机器人坐标系指令、运动指令、I/O 指令、延时指令等，并在这些指令的使用过程中熟悉位置数据、进给速度、定位路径的设置过程；同时使学生学会分析任务、规划路径，并对机器人的运动进行规划；掌握程序的新建、示教、保存及加载运行的操作过程，最终学习工件搬运的编程及整个操作过程。

相关知识

• 相关编程指令

在前面章节中，本书已对机器人的运动指令、程序结构指令等做了详细的介绍，本章节不再赘述，这里主要是对搬运编程中需要用到的其他指令进行补充介绍，主要包括坐标系指令、I/O 指令等。

1）坐标系指令。坐标系指令分为基坐标系 BASE 和工具坐标系 TOOL，在程序中可选择定义的坐标系编号，在程序中切换坐标系。

在程序当中可以通过两种途径切换坐标系：

①在需要切换坐标系的上一行，通过坐标系指令设置 BASE（基坐标系）或 TOOL（工具坐标系），根据已定义的基坐标系或工具坐标系中选择需要的编号填入输入框。

②可以通过编写程序语句直接调用，语法如下：

```
CALL SETTOOLNUM ( 10 )        '调用工具坐标系10
CALL SETBASENUM ( 0 )         '调用默认基坐标系
```

2) I/O 指令。I/O 指令包括了 D_ IN 指令、D_ OUT 指令、WAIT 指令、WAITUNTIL 指令以及 PLUSE 指令，D_ IN、D_ OUT 指令可用于给当前 I/O 赋值为 ON 或者 OFF，也可用于在 D_ IN 和 D_ OUT 之间传值；WAIT 指令用于阻塞等待一个指定 I/O 信号，可选 D_ IN 和 D_ OUT；WAITUNTIL 指令用于等待 I/O 信号，超过设定时限后退出等待；PLUSE 指令用于产生脉冲，如表 3-1 所示。

表 3-1　　I/O 指令语法

函数	参数说明
WAIT（I/O，STATE）	I/O 代表 D_ IN、D_ OUT，STATE 代表 ON、OFF
WAITUNTIL（I/O，MIL，WLAG）	I/O 代表 D_ IN、D_ OUT，MIL 代表延时（单位 ms），WLAG 表示等待信号是否成功
PLUSE（I/O，STATE）	I/O 代表 D_ IN、D_ OUT，STATE 代表 ON、OFF

用法举例：

比如机器人在用吸盘吸取工件进行搬运时，吸盘内部需要形成真空进行吸取，破坏真空进行放料，取料时可用到如下语句：

```
D_ OUT[19]=ON                 '真空发生
D_ OUT[20]=OFF                '真空破坏关闭
CALL WAIT ( D_ IN[17],ON )    '等待真空反馈
```

等到真空发生反馈信号为 ON 之后，表示吸盘内部已经形成真空，工件已经吸牢，此时即可移动工件进行放料操作。在放料时则可用到如下语句：

```
D_ OUT[19]=OFF                '真空发生关闭
D_ OUT[20]=ON                 '真空破坏开启
CALL WAIT ( D_ IN[17],OFF )   '等待真空反馈
```

等到真空反馈信号为 OFF 之后，表示吸盘内部已经失去真空，对于工件已经失去吸附力，放料完成。

任务实施

要完成搬运程序的示教编程，需要经过包括运动规划、坐标系设置、I/O 配置、点位示教、程序编写、测试运行等在内的相关环节。在运动规划中通过对工业机器人的搬运任务进行分析，对其动作及路径进行规划。根据机器人的动作及路径选择需要用到的坐标系进行设置，并进行 I/O 配置。之后即可对运动规划中要用到的点位进行示教存储，然后进行程序编写及测试运行。

编程前需要先进行运动规划，运动规划是分层次的，先从高层的任务规划，动作规划再到手部的轨迹规划，最后是工具的位姿规划。首先把任务分解为一系列子任务，这一层次的规划称为任务规划。然后再将每一个子任务分解为一系列动作，这一层次的规划称为动作规划。为了实现每一个动作，还需要对手部的运动轨迹进行必要的规划，这就是手部的路径规划以及关节空间的轨迹规划。

示教前需要调试工具，并根据所需要的控制信号配置 I/O 接口信号，设定工具和工件坐标系。在编程时，使用示教器编制程序同时示教目标点。程序编好后，进行测试，根据实际需要增加一些中间点，如图 3-13 所示。

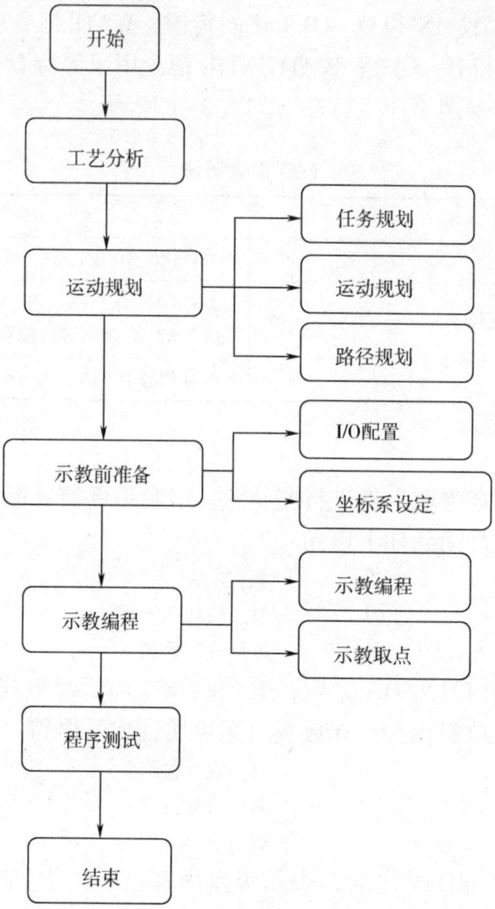

图 3-13　工业机器人工作流程图

(1) 搬运工艺分析

机器人搬运是指物料在生产工序、工位之间进行运送转移，以保证连续生产的搬运作业。采用科学合理的搬运方式和方法，不断进行搬运分析，改善搬运作业，避免产品在搬运过程中，因搬运手段不当，造成磕、碰、伤，从而影响产品质量。为了有效地组织好物料搬运，必须遵循搬运的原则。

1）物料移动产生的时间和地点要有效。否则，移动毫无意义，不被视为增值反而是一种浪费。

2）物料的移动都需要对物料的尺寸、形状、重量和条件，以及移动路径和频度进行分析，还需要考虑传送带、建筑物的约束，如地面负荷、立柱空间、场地净高等。

3）不同的物料需要选择合适的搬运方法、搬运工具和搬运轨迹。

4）可以采用先进的技术手段提高搬运效率。如自动识别系统，便于物料搬运系统对正确物料的抓取、摆放控制。出错率低，速度快，精度高。

5）搬运应按顺序，以降低成本，避免迂回往返等。这体现合理化的概念，优良的搬运路线可以减少机器人搬运的工作量，提高搬运效率。

6）示教取点过程中，要保证抓取工具与物料的间隙，避免碰撞、损坏产品。可在移动过程中设置中间点，提供缓冲。

7）减少产品移动方位的不确定性，使产品按期望的方位移动。有特殊要求的产品尤其要考虑产品移动的方位。

8）在追求效率的同时，要考虑搬运质量，防止损坏产品，区分设置快速移动和缓慢移动，合理提高搬运效率。

9）节拍是衡量物料装配线的重要性能指标，优化节拍可以保证装配线的连续性和均衡性，减少传送带的中断时间，保证生产节拍的稳定性，保持生产连续，缩短生产周期，提高生产效率。

（2）运动规划

机器人搬运过程可以分解为“夹取工件”“移动工件”“释放工件”等一系列任务，而夹取工件可以进一步分解为“移动到工件上方取料预备点”“移动到工件夹取点”“夹爪夹取或是吸盘吸取工件”等动作。移动工件可以进一步分解为“抬起工件至取料预备点”“移动工件至放料预备点”“移动工件至放料点”等动作。释放工件时则需要给出 I/O 信号让夹爪或吸盘松开，后将机器人手部移至放料预备点，放料完成。

（3）坐标系设置

本任务中使用气动吸盘从位置一抓取物品，将其放置到其他位置，运动轨迹相对简单，示教取点较容易，所以可以在基坐标系下编程，不需要建立新的工具坐标系。当然，为了工件存放时便于调整放置角度，也可以建立工具坐标系方便操作。在此，就建立一个工具坐标系 TOOL（10），具体设置方法见本书上一节内容。

（4）I/O 配置

本任务中使用气动吸盘来抓取工件，气动吸盘的打开与关闭需通过 I/O 信号控制。HSR-JR608 机器人控制系统提供了完备的 I/O 通信接口，可以方便地与周边设备进行通信。本系统的 I/O 板提供的常用信号处理有输入信号 X 和输出信号 Y。输入/输出主要是对这些输入/输出状态进行管理和设置，如表 3-2 所示。

表 3-2　　I/O 配置说明

序号	PLC 地址	定义	符号说明	控制指令
1	X2.0	真空反馈		D_ IN [17] =ON/OFF
2	Y2.2	真空发生	气动吸盘打开	D_ OUT [19] =ON/OFF
3	Y2.3	真空破坏	气动吸盘关闭	D_ OUT [20] =ON/OFF

(5) 点位示教

(6) 程序编写

按照搬运步骤编写原始程序如下：

```
' ( ADD YOUR COMMON/COMMON SHARED VARIABLE HERE )
PROGRAM
' ( ADD YOUR DIM VARIABLE HERE )
WITH ROBOT
ATTACH ROBOT
ATTACH EXT_ AXES
CALL SETTOOLNUM ( 10 )
MOVE ROBOT  JR[1]                          '机器人原点
D_ OUT[19] = OFF                           '真空复位
D_ OUT[20] = OFF
WHILE TRUE
' ( WRITE YOUR CODE HERE )
CALL SETTOOLNUM ( 10 )
CALL SETBASENUM ( 0 )
MOVE ROBOT JR[2]                           '取料预备点
MOVES ROBOT LR[20] VTRAN=100               '取料点正上方
MOVES ROBOT LR[21] VTRAN=50
DELAY 100
D_ OUT[19] = ON
SLEEP 100
CALL WAIT ( D_ IN[17],ON )                 '已吸取工件
MOVES ROBOT LR[20] VTRAN=100
MOVE ROBOT JR[2]
MOVE ROBOT JR[3]                           '放料预备点
MOVES ROBOT LR[30] VTRAN=100               '放料正上方
MOVES ROBOT LR[31] VTRAN=50                '放料点
D_ OUT[19] = OFF
D_ OUT[20] = ON
SLEEP 100
CALL WAIT ( D_ IN[17],OFF )
D_ OUT[20] = OFF
MOVES ROBOT LR[30] VTRAN=100
MOVE ROBOT JR[3]
MOVE ROBOT JR[1]                           '1号工件放料完成
MOVE ROBOT JR[2]                           '取料预备点
MOVES ROBOT LR[20] VTRAN=100               '取料点正上方
MOVES ROBOT LR[22] VTRAN=50
DELAY 100
D_ OUT[19] = ON
```

```
40:SLEEP 100
41:CALL WAIT ( D_ IN[17],ON )                    '已吸取工件
42:MOVES ROBOT LR[20] VTRAN=100
43:MOVE ROBOT JR[2]
44:MOVE ROBOT JR[3]                              '放料预备点
45:MOVES ROBOT LR[30] VTRAN=100                  '放料正上方
46:MOVES ROBOT LR[32] VTRAN=50                   '放料点
47:D_ OUT[19] = OFF
48:D_ OUT[20] = ON
49:SLEEP 100
50:CALL WAIT ( D_ IN[17],OFF )
51:D_ OUT[20] = OFF
52:MOVES ROBOT LR[30] VTRAN=100
53:MOVE ROBOT JR[3]
54:MOVE ROBOT JR[1]                              '2号工件放料完成
55:MOVE ROBOT JR[2]                              '取料预备点
56:MOVES ROBOT LR[20] VTRAN=100                  '取料点正上方
57:MOVES ROBOT LR[23] VTRAN=50
58:DELAY 100
59:D_ OUT[19] = ON
60:SLEEP 100
61:CALL WAIT ( D_ IN[17],ON )                    '已吸取工件
62:MOVES ROBOT LR[20] VTRAN=100
63:MOVE ROBOT JR[2]
64:MOVE ROBOT JR[3]                              '放料预备点
65:MOVES ROBOT LR[40] VTRAN=100                  '放料正上方
66:MOVES ROBOT LR[33] VTRAN=50                   '放料点
67:D_ OUT[19] = OFF
68:D_ OUT[20] = ON
69:SLEEP 100
70:CALL WAIT ( D_ IN[17],OFF )
71:D_ OUT[20] = OFF
72:MOVES ROBOT LR[40] VTRAN=100
73:MOVE ROBOT JR[3]
74:MOVE ROBOT JR[1]                              '3号工件放料完成
75:MOVE ROBOT JR[2]                              '取料预备点
76:MOVES ROBOT LR[20] VTRAN=100                  '取料点正上方
77:MOVES ROBOT LR[24] VTRAN=50
78:DELAY 100
79:D_ OUT[19] = ON
80:SLEEP 100
81:CALL WAIT ( D_ IN[17],ON )                    '已吸取工件
```

```
MOVES ROBOT LR[20] VTRAN=100
MOVE ROBOT JR[2]
MOVE ROBOT JR[3]                              '放料预备点
MOVES ROBOT LR[40] VTRAN=100                  '放料正上方
MOVES ROBOT LR[34] VTRAN=50                   '放料点
D_ OUT[19] = OFF
D_ OUT[20] = ON
SLEEP 100
CALL WAIT ( D_ IN[17],OFF )
D_ OUT[20] = OFF
MOVES ROBOT LR[40] VTRAN=100
MOVE ROBOT JR[3]
MOVE ROBOT JR[1]                              '4号工件放料完成
SLEEP 100
END WHILE
DETACH ROBOT
DETACH EXT_ AXES
END WITH
END PROGRAM
```

如上程序段所示，每一个工件的搬运步骤都是一样的，按照其搬运过程进行程序编写。但实际上，在对工件的搬运过程中，每一个工件的取料和放料操作都是一样的，只是取料位置和放料位置不一样，可以利用寄存器指令存储位置数据及进行判定以简化程序，优化后的程序如下所示：

```
' ( ADD YOUR COMMON/COMMON SHARED VARIABLE HERE )
PROGRAM
' ( ADD YOUR DIM VARIABLE HERE )
WITH ROBOT
ATTACH ROBOT
ATTACH EXT_ AXES
CALL SETTOOLNUM ( 10 )
MOVE ROBOT  JR[1]                             '机器人原点
D_ OUT[19] = OFF                              '真空复位
D_ OUT[20] = OFF
WHILE IR[1]<=25
' ( WRITE YOUR CODE HERE )
IR[1]=21
LR[100]=LR[IR[1]]                             '取料点定义
MOVE ROBOT JR[2]                              '取料预备点
MOVES ROBOT LR[20] VTRAN=100                  '取料点正上方
MOVES ROBOT LR[100] VTRAN=50
DELAY 100
D_ OUT[19] = ON
```

```
20:SLEEP 100
21:CALL WAIT ( D_ IN[17],ON )                    '已吸取工件
22:MOVES ROBOT LR[20] VTRAN=100
23:MOVE ROBOT JR[2]                              '取料完成
24:IR[1]=IR[1]+1
25:IF IR[1]=22 THEN                              '放料位判定
26:LR[99]=LR[31]
27:LR[50]=LR[30]
28:END IF
29:IF IR[1]=23 THEN
30:LR[99]=LR[32]
31:LR[50]=LR[30]
32:END IF
33:IF IR[1]=24 THEN
34:LR[99]=LR[33]
35:LR[50]=LR[40]
36:END IF
37:IF IR[1]=25 THEN
38:LR[99]=LR[34]
39:LR[50]=LR[40]
40:END IF
41:MOVE ROBOT JR[3]                              '放料预备点
42:MOVES ROBOT LR[50] VTRAN=100                  '放料正上方
43:MOVES ROBOT LR[99] VTRAN=50                   '放料点
44:DELAY 100
45:D_ OUT[19] = OFF
46:D_ OUT[20] = ON
47:SLEEP 100
48:CALL WAIT ( D_ IN[17],OFF )
49:D_ OUT[20] = OFF
50:MOVES ROBOT LR[50] VTRAN=100
51:MOVE ROBOT JR[3]
52:MOVE ROBOT JR[1]
53:SLEEP 100
54:END WHILE
55:DETACH ROBOT
56:DETACH EXT_ AXES
57:END WITH
58:END PROGRAM
```

(7) 程序测试

项目4 工业机器人上下料编程

学习目标

1. 知识目标

(1) 掌握工业机器人上下料运动的特点以及机器人程序的编写方法。

(2) 能够使用工业机器人的基本指令正确编写上下料控制程序。

(3) 能够了解工业机器人的通信方法。

2. 技能目标

(1) 能够完成机器人的示教。

(2) 了解机器人通信。

(3) 能够掌握工业机器人上下料编程。

3. 素质目标

(1) 提高与人沟通交流的能力。

(2) 提高查阅图纸资料、搜集相关知识信息的能力。

项目描述

本项目利用HSR-JR612工业机器人在工作台上拾取工件，将其搬运至第一台机床上，进行第一步工件处理。当完成后机器人取出工件并且运送到第二台机床上，进行第二步工件处理。最后将完成的工件放置到传送带上，等待下一步动作，如表4-1所示。

表4-1 工件尺寸

	名称	外径/mm	内径/mm	厚度/mm	质量/kg
工件一					
工件二					

如图4-1所示自动化线所需加工的工件，左边为数控车床粗加工毛坯后的产品，右边则为加工中心精加工后的产品。

安全

(1) 作业人员须穿戴工作服、安全帽、安全鞋等。

(2) 接入电源时，请确认机器人的动作范围内没有作业人员。

(3) 必须切断电源后，方可进入机器人的动作范围内进行作业。

(4) “突发情况”使作业人员来不及实施“紧急停止”“逃离”等行为避开事故，

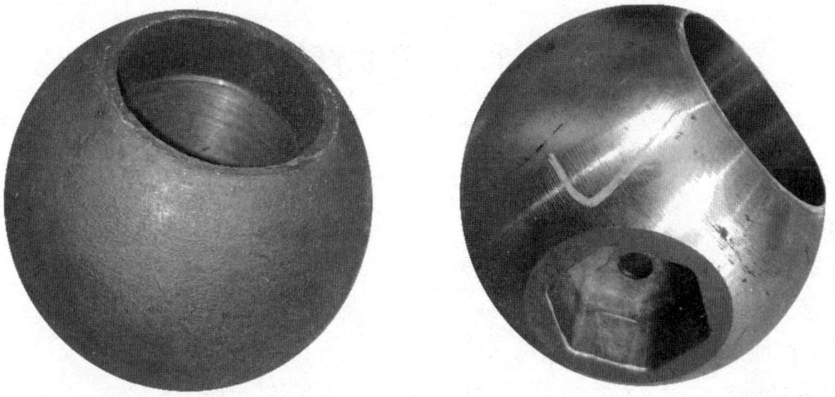

图4-1　加工工件

极有可能导致重大事故发生。

“突发情况”一般有以下几种：

①低速动作突然变成高速动作。

②其他作业人员执行了操作。

③因周边设备等发生异常和程序错误，启动了不同的程序。

④因噪声、故障、缺陷等原因导致异常动作。

⑤误操作。

⑥原想以低速执行动作，却执行了高速动作。

⑦机器人搬运的工件掉落、散开。

⑧工件处于夹持、联锁待命的停止状态下，突然失去控制。

⑨相邻或背后的机器人执行了动作。

（5）发生突发情况不应紧张，应该根据情况做出适宜的反应与对策。在平时工作或学习中应尽量减少或避免突发情况。

操作过程中注意以下机器人安全事项：

①发现有异常时，应立即按下紧急停止按钮。

②时刻注意机器人的动作，不得背向机器人进行作业。

③不需要使机器人动作和操作时，请切断电源后再执行作业。

④示教时，应先确认程序号码或步骤号码，再进行作业。

⑤示教作业完成后，应以低速状态手动检查机器人的动作。如果立即在自动模式下以100%速度运行，会因程序错误等因素导致事故发生。

⑥示教作业结束后，应进行清扫作业，并确认有无忘记拿走工具。作业区被油污染，遗忘了工具等原因，会导致摔倒等事故发生。

任务 4.1 实物生产线简介

学习目标

1. 知识目标

了解生产线的组成。

2. 技能目标

了解生产线的组成及基本维护。

3. 素质目标

（1）提高与人沟通交流的能力。

（2）提高查阅图纸资料、搜集相关知识信息的能力。

任务描述

在数控车床和机器人组成的加工单元中，数控车床和机器人要在各自的控制系统中工作，因此熟悉机器人上下料的流程，协调它们之间的工作过程是非常重要的。

相关知识

• 生产线组成

该数控加工单元主要由数控车削中心、工业机器人以及总控单元组成如图 4-2 所示。

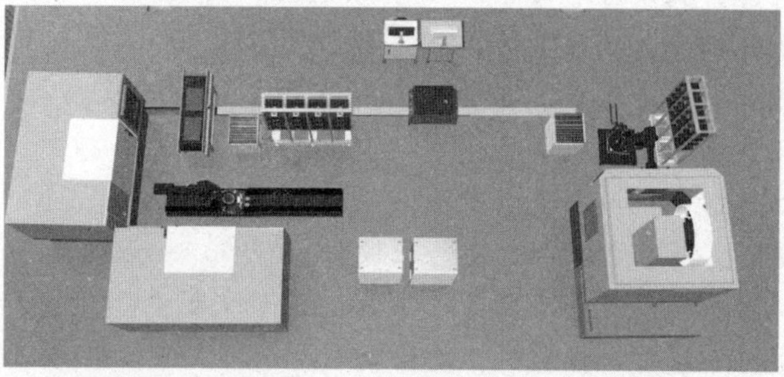

图 4-2 数控加工单元

1）数控车床如图 4-3 所示。

加工中心型号为华中数控 L800，系统为华中系统 8 型，由气动控制卡盘的夹紧与松开，气动控制安全门的打开与关闭。

该加工中心主要对工件进行精加工至成品，安全门与卡盘由机床所采集到的信号自我判断并执行相应的动作，信号的收发与机器人对接。

数控车床型号为华中数控 CK36/40，如图 4-4 所示，系统为华中系统 8 型，卡盘的夹紧与放松由液压控制，安全门的开与关由气动控制。

图 4-3　加工中心

图 4-4　数控车床

数控车床有两台：一台为车毛坯的外圆；另一台为车毛坯的内孔，顺序为先外圆后内孔，两道工序加工完成后形成一个粗加工工件，安全门与卡盘由机床所采集的信号自动判断并执行相应的动作，机床的收发信号与机器人对接。

图 4-5 为上料仓，上料仓共有 16 个仓位，每个仓位可放置一个料盘，一个料盘可放置 4 个物料，料仓共可放 64 个物料，料仓上每个仓位都有对应的光电传感器，可由传感器得知哪个料仓有料，主要功能为给产线供毛坯件。

图 4-5　上料仓

下料仓如图 4-6 所示。下料仓与上料仓功能一样，主要功能为给成品工件提供存放位置。

图 4-6　下料仓

2）机器人电控柜如图 4-7 所示。

图 4-7　机器人电控柜

机器人电控柜主要负责驱动机器人动作以及对机器人的信号进行收发，对采集到的信号做复杂的逻辑处理，使得机器人做出复杂的动作流程。

图 4-8　上料机器人

图 4-9　机器人导轨

图 4-8 为上料机器人，图 4-9 为机器人七轴导轨，机器人为 6 关节，抓取重量为 12kg，主要对工件和工件料盘进行不同位置的转运，加上七轴导轨，机器人的操作范围增大，可在上料仓、数控车床及暂存点之间随意移动进行作业，主要动作为上料仓取料，机床取放料以及送料暂存台放料和放料盘。

下料机器人如图 4-10 所示。

下料机器人与上料机器人一致，主要功能为在收料暂存台取料及取料盘，加工中心取放料以及下料仓放加工完成的成品工件及料盘。

图 4-10　下料机器人

3）总控单元如图 4-11 所示。

总控柜上由电脑主机、触摸屏、按钮组、指示灯、电源开关及三色灯等部件组成，如图 4-12 所示。

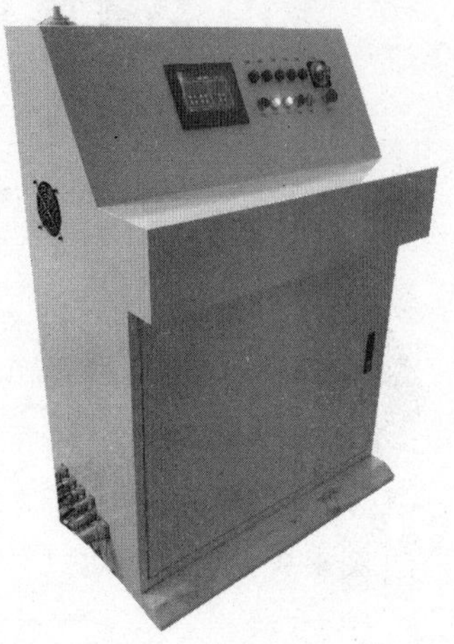

图 4-11　总控单元

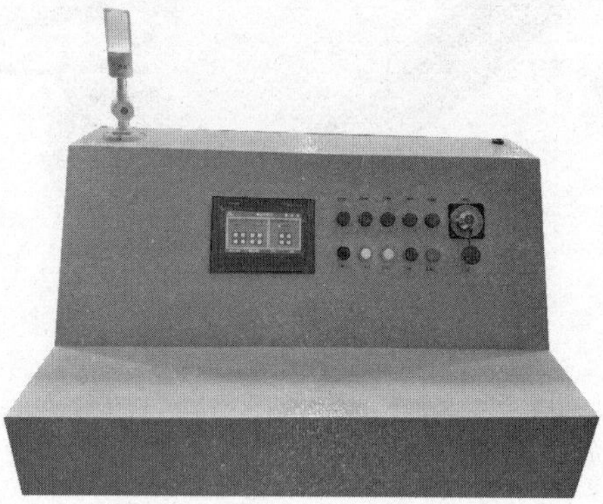

图 4-12　总控柜

电脑主机主要用于产线编程、组态等操作，控制器采用西门子 S7-1200，触摸屏为西门子 KTP700，按钮组为控制产线启动停止等操作，指示灯为显示产线的状态，三色灯为指示当前产线状态。

暂存台如图 4-13 所示。

暂存台有两台：一台用于送料暂存；一台用于收料暂存，送料暂存用于暂时存放料盘，该料盘用于存放加工后的粗加工工件，收料暂存用于存放 AGV 小车从送料暂存运过来的料盘粗加工工件，该设备具有一个气缸、气压调速阀与一个漫反射式传感器

图 4-13　暂存台

（用于检测是否有物料），气缸用于对料盘推紧定位，光电传感器用于检测该工位是否有料盘和工件，该设备上的滚筒用于对托盘进行送出运输，由总控端控制。

AGV 小车如图 4-14 所示。

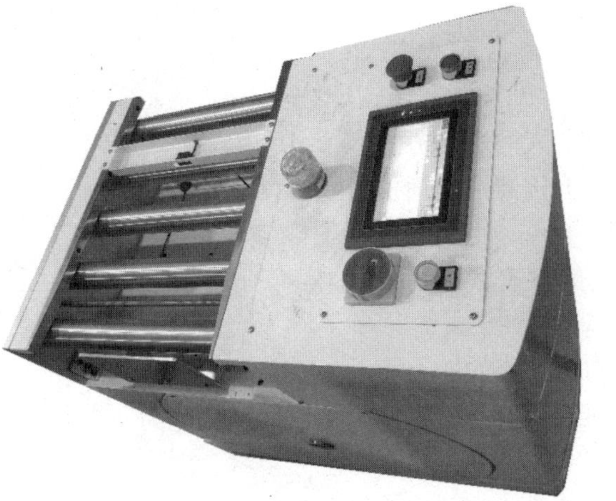

图 4-14　AGV 小车

AGV 小车主要用于对带有工件的托盘进行输送转移，它的取料点为送料暂存点，送料点为收料暂存点，小车上有指示灯，如图 4-15 所示，会提示运行时小车的状态，也可在触摸屏上直观地看到，小车前后端有一块扇形感应区，用于检测前后方是否有障碍或遮挡物，上方有漫反射式光电传感器，如图 4-16 所示，用于检测是否有物料的存在，没有物料，AGV 小车不会运行，与总控通信为无线 I/O 通信。

图 4-15　指示灯

图 4-16　光电传感器

小结

机器人不但能够代替人的某些功能和动作，还能超越人的体力能力，可以连续重复运转更长的时间，还可以承受各种恶劣环境进行物体搬运作业，超过限度的都可以用机器人来实现，大大降低了对人的依赖程度。

任务4.2　机器人与外界的通信简介

学习目标

1. 知识目标

（1）了解工业机器人的通信方式。

（2）掌握生产线上机器人的通信方式。

2. 技能目标

掌握机器人的通信方式。

3. 素质目标

（1）提高与人沟通交流的能力。

（2）提高查阅图纸资料、搜集相关知识信息的能力。

任务描述

在数控加工单元中，工业机器人必须联络其他各种设备、装置的有关信息，通过程序的处理与协调才能实现自动运转，因此熟悉车床上下料的工艺流程，协调机器人与数控车床之间的工作过程，掌握它们之间的通信方式是十分重要的。

相关知识

- **工业机器人的通信**

工业机器人除具有基本的示教再现的功能之外，与外界的联系就成为应用中的关键问题。工业机器人控制系统与外界联系有如下4类：

1）与生产系统对应。在生产系统中，机器人是下位设备，由上位控制装置发出各种指令，工业机器人则向上位控制装置反馈各种信息。上位控制装置多为可编程控制器，也有用计算机或工程师工作站经通信网络与工业机器人联系。应用PLC控制平台，通过工业以太网总线方式，将多台机器人、多台数控车床及其辅助设备进行联网组线，按节拍进行有序的自动生产。

2）与作业用途对应。当工业机器人用于不同工艺作业时，其他作业设备也不同，如焊接作业要用焊机。工业机器人要能与不同用途的作业设备联系，发出开关量或模拟量的指令，收取反馈信息。

3）与周边设备对应。对于工装卡具、变位机、移送装置等周边设备或数控车床、加工中心等加工设备，都必须进行信息交换，用以协调互锁，确定加工作业的正常顺序，使工业机器人及各设备安全地运转。

4）与传感器或其他装置对应。某些传感器的信息必须直接送至工业机器人的控制系统。例如，用于修正轨迹的传感器或装置，只有直接联系才能取得好的结果。

了解工业机器人控制系统的对外联系端口及其使用方法，有助于合理构筑工业机器人的应用工程。为了完成给定的作业，必须处理好工业机器人控制系统与工件和周边设备的关系，必须安排好操作运行的手段和方法，必须实现与其他相关控制装置的通信。

任务 4.3　机器人上下料编程仿真实例

学习目标

1. 知识目标

（1）机器人示教编程（码垛、搬运）。

（2）PLC 逻辑程序编写。

2. 技能目标

（1）机器人示教编程（码垛、搬运）。

（2）PLC 逻辑程序编写。

3. 素质目标

（1）提高与人沟通交流的能力。

（2）提高查阅图纸资料、搜集相关知识信息的能力。

任务描述

基于原有的两套 612 机器人，新增输送线、横移机构、立体仓库、机器人实训对象、PLC 总控系统等设备，构建一条物料输送系统。在仿真生产线上练习机器人上下料编程及 PLC 编程。

相关知识

（1）信号点

总控到料仓机器人，如表 4-2 所示。

表 4-2　　总控到料仓机器人信号点

料仓机器人				
PLC 输入	线号	PLC	Robot	功能描述
	S1	I5.4	Q1.3	放托盘完成
	S2	I5.5	Q1.4	取托盘完成
	S3	I5.6	Q1.5	
	S4	I5.7	Q1.6	

续表

料仓机器人				
PLC 输出	D1	Q4.0	I1.0	往输送线放托盘
	D2	Q4.1	I1.1	往输送线取托盘
	D3	Q4.2	I1.2	
	D4	Q4.3	I1.3	
	D5	Q4.4	I1.4	料仓位置编号
	D6	Q4.5	I1.5	
	D7	Q4.6	I1.6	
	D8	Q4.7	I1.7	

总控到码垛机器人，如表 4-3 所示。

表 4-3　　总控到码垛机器人

码垛机器人				
	线号	PLC	Robot	功能描述
PLC 输入	RS1	I5.0	Q1.3	放料完成
	RS2	I5.1	Q1.4	码垛完成
	RS3	I5.2	Q1.5	
	RS4	I5.3	Q1.6	料台无料
PLC 输出	RD1	Q3.4	I2.3	往输送线放料
	RD2	Q3.5	I2.4	启动码垛
	RD3	Q3.6	I2.5	
	RD4	Q3.7	I2.6	

(2) 内部寄存器定义

1）料仓机器人，如表 4-4 所示。

表 4-4　　料仓机器人内部寄存器定义

编号	功能
R [1]	放料取料标识　0：放料 1：取料
R [2]	仓位号（来自总控）
R [3]	中转寄存器

续表

编号	功能
R［4］	J 指令速度调节寄存器
R［5］	L 指令速度调节寄存器
PR［10］	料仓中转姿态
PR［11］	流水线中转姿态
PR［12］	流水线取盘点
PR［13］	流水线放盘点
PR［14］	料仓抓取目标点
PR［15］	料仓抓取目标点上方点
PR［16］	料仓抓取进入点
PR［17］	流水线目标点
PR［18］	流水线目标点上方点
PR［21］～PR［29］	料仓仓位 1～9

2）流水线机器人，如图 4-5 所示。

表 4-5　　流水线机器人内部寄存器定义

编号	功能
R［0］	流程标识
R［1］	码垛块计数/棒料计数
R［2］	码垛行号
R［3］	码垛列号
R［4］	L 指令速度调节
R［5］	解垛/码垛切换
R［6］	棒料位置计算
R［7］	J 指令速度调节
PR［10］	码垛中转姿态
PR［11］	第一块垛料位置
PR［12］	第三块垛料位置
PR［13］	第四块垛料位置
PR［14］	放料时第一块垛料位置

续表

编号	功能
PR［15］	抓料点
PR［16］	抓料点上方点
PR［17］	放料点
PR［18］	放料点上方点
PR［20］	棒料台中转姿态
PR［21］～PR［29］	中转台棒料仓位
PR［30］	流水线上托盘放料位置
PR［31］	流水线放棒料时安全位置

（3）机器人上下料程序

1）料仓机器人。

①主程序。

```
1:  R[4]=70
2:  R[5]=600
3:  IF X[1,0]=OFF,JMP LBL[1]
4:  WAIT 1sec
5:  CALL quliao 1
6:  Y[1,3]=ON
7:  WAIT X[1,0]=OFF
8:  Y[1,3]=OFF
9:  LBL[1]
10:  IF X[1,1]=OFF,JMP LBL[2]
11:  WAIT 1sec
12:  CALL fangliao 1
13:  Y[1,4]=ON
14:  WAIT X[1,1]=OFF
15:  Y[1,4]=OFF
16:  LBL[2]
17: END
```

②取料程序。

```
1:  R[1]=1
2:  CALL jisuan 1
3:J  PR[10] R[4]% CNT100
```

```
4:L  PR[16] R[5]mm/sec CNT100
5:L  PR[15] R[5]mm/sec CNT100
6:L  PR[14] R[5]mm/sec CNT100
7:  WAIT 1sec
8:  Y[0,7]=ON
9:  WAIT 3sec
10:L  PR[15] R[5]mm/sec CNT100
11:L  PR[16] R[5]mm/sec CNT100
12:L  PR[10] R[5]mm/sec CNT100
13:J  PR[11] R[4]%  CNT100
14:L  PR[18] R[5]mm/sec CNT100
15:L  PR[17] R[5]mm/sec CNT100
16:  WAIT 1sec
17:  Y[0,7]=OFF
18:  WAIT 3sec
19:L  PR[18] R[5]mm/sec CNT100
20:L  PR[11] R[5]mm/sec CNT100
21: END
```

③放料程序。

```
1:  R[1]=0
2:  CALL jisuan 1
3:  JMP LBL[1]
4:  LBL[2]
5:J  PR[10] R[4]%  CNT100
6:L  PR[16] R[5]mm/sec CNT100
7:L  PR[15] R[5]mm/sec CNT100
8:L  PR[14] R[5]mm/sec CNT100
9:  WAIT 1sec
10:  Y[0,7]=OFF
11:  WAIT 3sec
12:L  PR[15] R[5]mm/sec CNT100
13:L  PR[16] R[5]mm/sec CNT100
14:L  PR[10] R[5]mm/sec CNT100
15:  JMP LBL[3]
16:  LBL[1]
17:J  PR[11] R[4]%  CNT100
18:L  PR[18] R[5]mm/sec CNT100
19:L  PR[17] R[5]mm/sec CNT100
20:  WAIT 1sec
21:  Y[0,7]=ON
22:  WAIT 3sec
23:L  PR[18] R[5]mm/sec CNT100
```

```
24:L  PR[11] R[5]mm/sec CNT100
25:  JMP LBL[2]
26:  LBL[3]
27: END
```

2）流水线机器人。

①主程序。

```
1:  R[4]=500
2:  R[7]=70
3:  IF X[2,3]=OFF,JMP LBL[1]
4:  WAIT 1sec
5:  CALL fangliao 1
6:  Y[1,3]=ON
7:  WAIT X[2,3]=OFF
8:  Y[1,3]=OFF
9:  LBL[1]
10:  IF X[2,4]=OFF,JMP LBL[2]
11:  CALL maduo 1
12:  Y[1,4]=ON
13:  WAIT X[2,4]=OFF
14:  Y[1,4]=OFF
15:  LBL[2]
16: END
```

②放料程序。

```
1:  Y[0,7]=OFF
2:  WAIT X[2,0]=ON
3:  CALL cangku 1
4:  R[6]=R[1]+20
5:  PR[15]=PR[R[6]]
6:  PR[16]=PR[15]
7:  PR[16,2]=PR[16,2]+200
8:  PR[18]=PR[30]
9:  PR[18,2]=PR[18,2]+200
10:J  PR[20] R[7]% CNT100
11:L  PR[16] R[4]mm/sec CNT100
12:L  PR[15] R[4]mm/sec CNT100
13:  WAIT 1sec
14:  Y[0,7]=ON
15:  WAIT X[2,1]=ON
16:  WAIT 1sec
17:L  PR[16] R[4]mm/sec CNT100
```

```
18:J  PR[31] R[7]%  CNT100
19:L  PR[18] R[4]mm/sec CNT100
20:L  PR[30] R[4]mm/sec CNT100
21:  WAIT 1sec
22:  Y[0,7]=OFF
23:  WAIT X[2,0]=ON
24:  WAIT 1sec
25:L  PR[18] R[4]mm/sec CNT100
26:J  PR[31] R[7]%  CNT100
27: END
```

③码垛程序。

```
1:  IF R[5]=1,JMP LBL[3]
2:  R[1]=0
3:  JMP LBL[4]
4:  LBL[3]
5:  R[1]=5
6:  LBL[4]
7:  R[4]=500
8:  Y[1,1]=OFF
9:  Y[1,2]=OFF
10:  LBL[1]
11:  IF R[1]>5 OR R[1]<0,JMP LBL[2]
12:  R[2]=R[1] DIV 3
13:  R[3]=R[1]-R[2]*3
14:  PR[15]=PR[11]
15:  PR[15,0]=PR[15,0]+R[2]*120
16:  PR[15,1]=PR[15,1]-R[3]*66
17:  PR[16]=PR[15]
18:  PR[16,2]=PR[16,2]+200
19:  PR[17]=PR[14]
20:  PR[17,1]=PR[17,1]+R[3]*66
21:  PR[17,2]=PR[17,2]+R[2]*36
22:  PR[18]=PR[17]
23:  PR[18,2]=PR[18,2]+200
24:  IF R[5]=1,JMP LBL[5]
25:J  PR[10] 70%  CNT100
26:L  PR[16] R[4]mm/sec CNT100
27:L  PR[15] R[4]mm/sec CNT100
28:  WAIT 1sec
29:  Y[1,2]=ON
30:  WAIT X[2,2]=ON
31:  WAIT 1sec
```

```
32:L  PR[16] R[4]mm/sec CNT100
33:J  PR[10] 70%  CNT100
34:L  PR[18] R[4]mm/sec CNT100
35:L  PR[17] R[4]mm/sec CNT100
36:  WAIT 1sec
37:  Y[1,2]=OFF
38:  Y[1,1]=PULSE,1sec
39:  WAIT 1sec
40:L  PR[18] R[4]mm/sec CNT100
41:  JMP LBL[6]
42:  LBL[5]
43:J  PR[10] 70%  CNT100
44:L  PR[18] R[4]mm/sec CNT100
45:L  PR[17] R[4]mm/sec CNT100
46:  WAIT 1sec
47:  Y[1,2]=ON
48:  WAIT X[2,2]=ON
49:  WAIT 1sec
50:L  PR[18] R[4]mm/sec CNT100
51:J  PR[10] 70%  CNT100
52:L  PR[16] R[4]mm/sec CNT100
53:L  PR[15] R[4]mm/sec CNT100
54:  WAIT 1sec
55:  Y[1,2]=OFF
56:  Y[1,1]=PULSE,1sec
57:  WAIT 1sec
58:L  PR[16] R[4]mm/sec CNT100
59:  LBL[6]
60:  IF R[5]=1,JMP LBL[7]
61:  R[1]=R[1]+1
62:  JMP LBL[8]
63:  LBL[7]
64:  R[1]=R[1]-1
65:  LBL[8]
66:  JMP LBL[1]
67:  LBL[2]
68:  IF R[5]=1,JMP LBL[9]
69:  R[5]=1
70:  JMP LBL[10]
71:  LBL[9]
72:  R[5]=0
73:  LBL[10]
74:  END
```

项目5 工业机器人技能鉴定站编程

任务 5.1 认识工业机器人技能鉴定站

学习目标

1. 知识目标

（1）掌握工业机器人技能鉴定站的组成。

（2）了解工业机器人技能鉴定站的软件构成。

（3）了解工业机器人技能鉴定站可开展的实训项目。

2. 技能目标

（1）能够识别工业机器人技能鉴定站的各个组成部分。

（2）能够说出工业机器人技能鉴定站各个组成部分所起的作用。

任务描述

（1）认识工业机器人技能鉴定站中的各个组成部分。

（2）了解工业机器人技能鉴定站各组成部分的作用。

（3）理解整个工业机器人技能鉴定站中各个组成部分间的控制关系。

熟悉工业机器人技能鉴定站的结构组成及其主要功能是通过工业机器人操作调整工考核的基础。熟悉鉴定站平台后才能熟练操作，从而在规定时间内完成考核，学生应加强操作练习。

相关知识

（1）平台介绍

工业机器人技能鉴定站（以武汉华中数控股份有限公司的平台为例）依托《工业机器人操作调整工》职业技能标准而设计，包含任务模式一和任务模式二。以工业机器人多功能实训台为原型，添加了适合于院校教学的视觉系统立体仓库等模块，该平台已经过大量实际检验，技术成熟、稳定可靠。该平台主要由六轴工业机器人、自动上料模块、视觉检测模块、模拟焊接模块、码垛模块、立体仓库模块、总控系统模块等组成。该平台融合了工业机器人夹具的安装调试、智能视觉系统的调试与应用、工业机器人编程与调试、总控单元运行与应用等工作流程。

鉴定站平台示意图如图 5-1 所示。外形整体尺寸为 185mm×1300mm×1700mm（含机器人），采用工作台设计方式，底部配有福马轮，便于移动与固定。

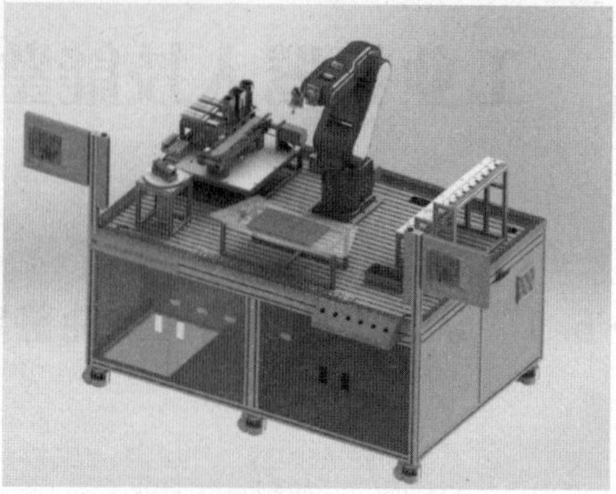

图 5-1　工业机器人技能鉴定站

（2）平台组成

1）六轴工业机器人如图 5-2 所示。

该平台使用的是华数机器人，型号为 HSR-JR605，包括机器人本体、示教器、机器人电控柜以及末端工具装置。其中，工业机器人的最大载荷为 5kg，臂展为 746mm。华数机器人第六轴安装有专用末端工具，包括吸盘、喷嘴、激光笔等，用于物料的搬运和物品的加工等。

HSR-JR605 型工业机器人具有广泛的通用性、良好的灵活性，大量应用于 3C、电子等行业，同时，较小的工作半径和额定载荷可在保证实现功能效果的前提下，确保教学和操作人员的安全，防止发生意外。

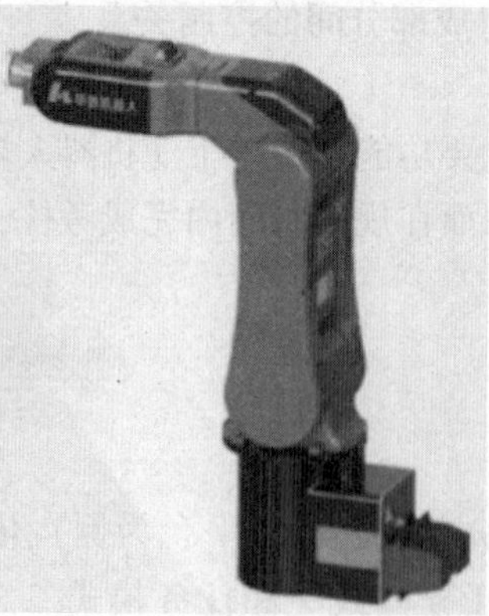

图 5-2　六轴工业机器人

图 5-3　自动上料模块

2）功能模块。

①自动上料模块。该模块由料仓、气缸、传送带、视觉系统、定位台组成，如图 5-3 所示。自动上料机可以上三种形状（圆形、矩形、方形）的物料，每种物料又

分两种颜色（蓝色、红色），通过视觉系统识别物料的形状与颜色来进行物料分类。传送带通过调速电动机控制，配有两个传感器，分别用于视觉检测位和工件最终停止位识别。

②模拟焊接模块。该模块主要由一个焊接台构成，该焊接模块带第七轴变位机如图 5-4 所示。待焊接的工件放置于可旋转的焊接台上，便于机器人对工件进行焊接。

焊接程序由离线仿真软件自动生成。因此，首先需要对要焊接的工件进行虚拟仿真。仿真后，将程序导入示教器，然后模拟真实的焊接操作。

③立体仓库模块。该仓库分为三层，共 16 个仓位，分别存储不同形状和颜色的物料。每个仓位带有传感器装置，判定仓位是否有料，并把仓位信息传递给总控 PLC。每层左边的仓位放置蓝色物料，右边的仓位放置红色物料。立体仓库示意图如图 5-5 所示。

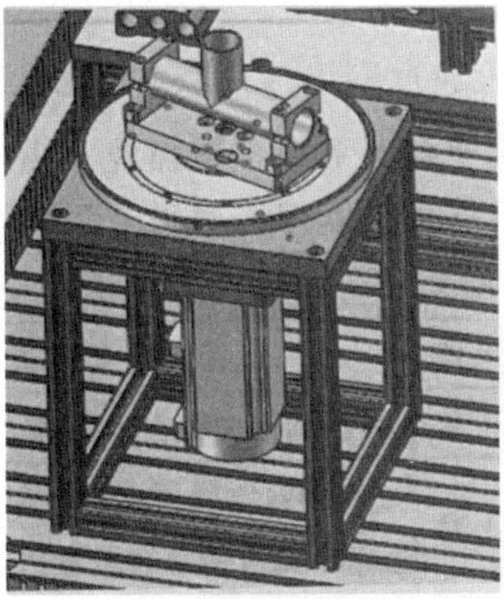

图 5-4　模拟焊接模块

图 5-5　立体仓库

④码垛工作台。该工作台是指由一块弧形面板加四个脚组合成的弧形台面，在弧形台面上有可更换的码垛模块+平面、曲面轨迹模块，模块可拆可换，同时模块配有标定工具，实现坐标系标定功能。码垛工作台示意图如图 5-6 所示。

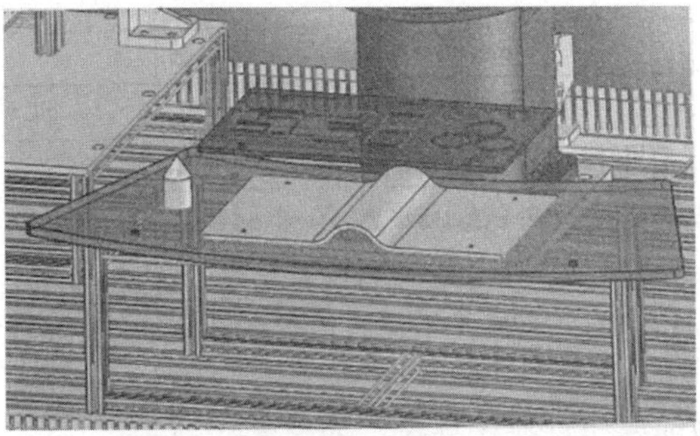

图 5-6　码垛工作台

（3）平台功能

在工业机器人技能鉴定站上可以完成工业机器人夹具安装与调试、工业机器人编程与调试、视觉系统调试、控制系统调试、总控系统调试等任务，满足不同行业针对工业机器人的操作和编程的教学需求，平台完全来源于工业应用现场，更适合于作为工业机器人职业技能考核平台。同时也充分考虑了院校的实际教学情况，以工业应用为基础设计，适合于教学内容，可以满足日常教学实训。

平台可开展的实训项目包括：

工业机器人夹具安装与调试；工业机器人基本操作；工业机器人 TCP（tool center position）标定与基坐标系标定；工业机器人基本指令操作与位置点设置；工业机器人示教编程与调试；工业机器人离线编程与调试；工业机器人码垛实训综合应用；工业机器人搬运实训综合应用；工业机器人模拟焊接实训综合应用；智能视觉系统的调试与应用；总控单元运行与应用；综合联调与应用。

（4）平台网络架构图

整个平台上视觉系统与总控 PLC 和工业机器人通过网络连接来实现数据的交换。总控 PLC 与工业机器人之间通过硬 I/O 线路方式连接，实现总控 PLC 与工业机器人数据的交换，整个平台网络架构如图 5-7 所示。

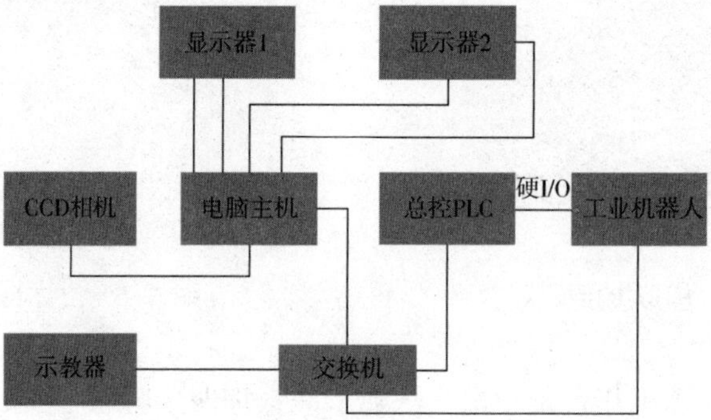

图 5-7　网络架构

任务实施

在工业机器人实训室，认识各种机器人，了解不同类型工业机器人的使用方法、特点、作用、区别等，对工业机器人形成初步认识。

结合工业机器人技能鉴定站，认识平台各个部件，指出平台的组成及各部分的功能，并简述工业机器人技能鉴定站可开展的项目。

实操评价

认识工业机器人技能鉴定站操作评价，如表 5-1 所示。

表 5-1　　认识工业机器人技能鉴定站操作评价表

项目	项目 5	任务			指导教师	
班级		学号	姓名		成绩	
序号	评价项目	考核要点	配分	评分标准	扣分	得分
1	平台结构	简述平台的功能模块	40	每项 10 分		
2	平台功能	简述平台可开展的项目	60	每项 5 分		
3	安全文明生产	1. 安全正确操作设备，做好事故防范措施 2. 维护实验环境整洁	每违反一项从总分扣 2 分；扣分不超过 10 分			
合计			100			

自测题

（1）工业机器人技术参数有哪些？

（2）简述工业机器人技能平台的组成。

（3）简述工业机器人技能鉴定站的功能。

任务 5.2　工业机器人示教编程

学习目标

1. 知识目标

（1）掌握工业机器人示教程序的新建、编辑、加载方法。

（2）掌握工业机器人指令的语法格式、编写方法。

2. 技能目标

（1）能够新建、编辑和加载程序。

（2）能够熟练运用编程指令编写程序。

（3）能够完成搬运动作的示教。

（4）能够完成码垛动作的示教。

任务描述

本任务利用 HSR-JR605 工业机器人完成搬运动作和码垛动作的示教，需要进行程序的编写、程序数据的创建、目标点示教、程序调试等工作任务，最终完成整个工业机器人示教编程任务。通过本任务的学习，学生应能熟练掌握工业机器人程序的编写，学会工业机器人程序的编写技巧。

相关知识

工业机器人作为一个智能制造单元，其智能性在于可编程，因此了解和掌握工业机器人的编程知识，对项目的顺利实施和发挥工业机器人的性能具有重要而实际的意义。

（1）文件与程序结构

1）程序结构。在示教器上新建一个程序时，系统会自动生成一个程序模板，可以在此模板的基础上进行机器人的示教编程操作。程序模板，如图 5-8 所示。

程序模板中各部分的含义如下：

PROGRAM 和 END PROGRAM，WITH ROBOT 和 END WITH，ATTACH 和 DETACH，分别是三对配合使用的程序指令。PROGRAM 和 END PROGRAM 指明了程序段的开始和结束，系统需要依据这对关键词来识别这是一个主程序，而不是子程序等。WITH ROBOT 和 END WITH 指明系统控制的默认组是 ROBOT 组，而所有外部轴组成 EXT_AXES 组。WITH ROBOT 表示默认的操作是针对 ROBOT 组的，在程序中如果不指明是哪个组，则运行 ROBOT 组。ATTACH 和 DETACH 用来绑定组和解除组，程序只有绑定了一个控制组/轴（单个轴、机器人组或者外部轴组）才能运行。

```

' (ADD YOUR COMMON/COMMON SHARED VARIABLE HERE )

PROGRAM
' (ADD YOUR DIM VARIABLE HERE )

WITH ROBOT
ATTACH ROBOT
ATTACH EXT_AXES

WHILE TRUE
' (WRITE YOUR CODE HERE)

SLEEP 100
END WHILE

DETACH ROBOT
DETACH EXT_AXES
END WITH
END PROGRAM
```

图 5-8　程序模板

2）常用数据类型。在实际编程中，常常用到数字型、字符串型和坐标型等几种数据类型，其数据类型的描述和范围，如表 5-2 所示。

表 5-2　常用数据类型及其描述与范围

数据类型	种类	描述	范围
数字型	long	32 位有符号整数	-2147483648（最小值）~2147483647（最大值）
	double	双精度浮点型	±1.79769313486223157E+308
字符串型	string	ASCII 字符串	长度无限制
坐标型	joint	一套 2～10 个双精度浮点型数字的组合	每个坐标点的最大最小值为 ±1.79769313486223157E+308
	location	一套 2～10 个双精度浮点型数字的组合	每个坐标点的最大最小值为 ±1.79769313486223157E+308

（2）运动指令

1）MOVE 指令。

①指令说明。MOVE 指令以单个轴或某组轴（机器人组）的当前位置为起点，移动某个轴或某组轴（机器人组）到目标点位置。移动过程不进行轨迹以及姿态控制。工具的运动路径通常是非线性的，工具在两个指定的点之间任意运动。

②指令语法。

```
MOVE<AXIS> | < GROUP> <TARGET POSITION> {OPTIONAL PROPERTIES}
```

③指令参数（可选）。MOVE 指令包含一系列的可选属性——ABSOLUTE、VCRUISE、ACC、DEC 等。属性设置后，属性值仅对当前运动有效，该运动指令行结束后，属性值恢复到默认值。如果不设置参数，则使用各参数的默认值运动。

④指令示例。

```
MOVE ROBOT #{ 600 , 100 , 0 , 0 , 180 , 0  } ABSOLUTE=1 VCRUISE=100
MOVE A1-10 ABSOLUTE=0 VCRUISE=120
```

上述示例中，第一行 MOVE 指令使用绝对值方式编程（ABSOLUTE=1），控制对象为 ROBOT 组，并且设定了 ROBOT 的运行速度为 100°/s，其目标位置为笛卡儿坐标系下的#｛600，100，0，0，180，0｝。第二行 MOVE 指令使用相对值方式编程（ABSOLUTE=0），单独控制 A1 轴进行运动，目标位置基于当前位置向负方向偏移 10°。

2）MOVES 指令。

①指令说明。MOVES 指令以机器人当前位置为起点，控制其在笛卡儿空间范围内进行直线运动，常用于对轨迹控制有要求的场合。该指令的控制对象只能是机器人组。

②指令语法。

```
MOVES<ROBOT> <TARGET POSITION> {OPTIONAL PROPERTIES}
```

③指令参数（可选）。MOVES 可选属性包含 VTRAN（直线速度）、ATRAN（直线加速度）、DTRAN（直线减速度）、VROT（旋转速度）、AROT（旋转加速度）、DROT（旋转减速度）等属性，设置后，属性值仅针对当前运动有效，该运动指令行结束后，系统恢复到默认值。如果不设置参数，则系统使用各参数的默认值运动。

④指令示例。

```
MOVES ROBOT #{425 , 70 , 55 , 90 , 180 , 90}ABSOLUTE =1 VTRAN= 100 ATRAN=80
DTRAN=100
MOVES ROBOT#{-10 , 0 , 0 , 0 , 0 , 0}ABSOLUTE=0 VTRAN=120 ATRAN=80 DTRAN=80
```

如上述示例所示，第一行指令控制机器人 ROBOT 从当前位置开始，以直线的方式运动到笛卡儿坐标位置#｛425，70，55，90，180，90｝，ABSOLUTE=1 表示指令中使用的坐标为绝对值坐标，VTRAN 设定了机器人的运行速度为 100mm/s，ATRAN 和 DTRAN 分别设置了机器人的加速度与减速度的大小。

3）CIRCLE 指令。

①指令说明。CIRCLE 指令以当前位置为起点，CIRCLEPOINT 为中间点，TARGETPOINT 为终点，控制机器人在笛卡儿空间进行圆弧轨迹运动，同时附带姿态的插补。

②指令语法。

```
CIRCLE<GROUP> CIRCLEPOINT=<VECTOR> TARGETPOINT={<VECTOR>} {OPTIONAL PROPER-
```

```
TIES}
```

③指令参数（可选）。CIRCLE 指令可选属性包含 VTRAN、ATRAN、DTRAN、VROT、AROT、DROT 等。属性设置后，仅针对当前运动有效，该运动指令行结束后，恢复到默认值。如果不设置参数则使用各参数的默认值运动。

④指令示例。

```
MOVES ROBOT #{400,300,0,0,180,0}VCRUISE=100
CIRCLE ROBOT CIRCLEPOINT #{500, 400, 0, 0, 180, 0} TARGETPOINT=#{600,300,0,180,0}
VTRAN=100
```

如上述示例所示，程序先运动机器人到#｛400，300，0，0，180，0｝的位置，然后以该位置为起点，在 *OXY* 平面上进行圆弧运动。

注意：圆弧指令不能应用于走整圆，要实现走整圆需要使用两条 CIRCLE 指令，这在当前版本下暂时无法实现。

4）运动参数。MOVE、MOVES、CIRCLE 这三个运动指令后面都可以添加相应的运动参数对该行运动进行属性设置。由于运动参数的属性很多，不能一一进行讲解，下面将对常用的运动参数属性进行说明。

①VCRUISE：关节运动速度。对 MOVE 指令有效，默认值为 180°/s，值越大，速度越快。

②ACC/DEC：关节运动加速度/减速度。对 MOVE 指令有效，默认值为 $960°/s^2$，值越大，加速度越大。

③VTRAN：直线运动速度。对 MOVES、CIRCLE 指令有效，默认值为 1200mm/s，值越大，速度越快。

④ATRAN/DTRAN：直线运动加速度/减速度。对 MOVES、CIRCLE 指令有效，默认值为 $4800mm/s^2$，值越大，加速度越大。

上面各参数的默认值对六关节的机器人如 605、61、620 有效，其他型号的机器人默认值可能不同，且这些默认值都是在自动模式下的默认值。在更改这些值时，不能不断增加太多的参数值，否则可能导致报警。

⑤VTRAN/VCRUISE 倍率（修调）和机器人实际运行速度的关系：机器人实际运行速度=VTRAN 值×倍率。例如：MOVES P1 VTRAN=100。此时如果示教器的倍率为 50%，则实际上机器人的运行速度为：100mm/s×50%=50mm/s，VCRUISE 与它们的关系同理。

（3）条件指令

```
IF…THEN…END IF
```

1）指令说明。指令组的含义是“（IF）如果……成立，（THEN）则……”该指令用来控制程序在某条件成立的情况下，才执行相应的操作。

2）指令语法。

```
IF<CONDITION>THEN
<FIRST STATEMENT TO EXECUTE IF CONDITION IS TRUE>
<MULTIPLE STATEMENTS TO EXECUTE IF CONDITION IS TRUE>
{ELSE
<FIRST STATEMENT TO EXECUTE IF CONDITION IS FALSE>
```

```
<MULTIPLE STATEMENTS TO EXECUTE CONDITION IS FALSE>}
END IF
```

其中“{}”括起来的部分为可选部分。ELSE 表示当 IF 后面跟的条件不成立时，会执行其后面的程序语句。

3）指令示例。

```
IF D_ IN[1]=OFF THEN
    MOVE A1 100 ABS=0
ELSE
    MOVE A1 200 ABS=0
END IF
```

上述指令表示，当 D_ IN［1］的值等于 OFF 时，相对于当前位置正向移动 A1 轴 100°；否则对于当前位置正向移动 A1 轴 200°。

（4）流程指令

1）CALL。

①指令说明。该指令的功能是调用“SUB…END SUB”关键字定义的子程序。

②指令语法。

```
CALL< SUBPROGRAM NAME>
```

③指令示例。

```
'TEST.PRG
PROGRAM"
    PRINT"THIS IS MAIN PROGRAM"
CALL TESTSUB
END PROGRAM
'TESTSUB. LI
SUB TESTSUB
    PRINT"THIS IS SUB"
END SUB
'THIS IS MAIN PROGRAM
'THIS IS SUB
```

在主程序（PRG 文件）中使用 CALL 关键字调用子程序，程序会切换到子程序内执行子程序内的语句。上述示例的输出为先打印出“THIS IS MAIN PROGRAM”，然后打印出“THIS IS SUB”。

2）SUB…END SUB。

①指令说明。该指令用来定义子程序，可以带参数，但不允许有返回值，使用 CALL+子程序名的方式调用，用该方式定义的子程序必须在 PROGRAM END PROGRAM 结构的外部。由于子程序可以有多个，所以每一个子程序都需要给出一个不重复的名字，即程序名唯一。SUB 的作用范围默认是该示教程序，如果需要在其他地方调用，比如另一个示教程序，则可以在子程序前面添加 PUBLIC 关键字，用 PUBLIC 声明的子程序，所有的主程序都可以调用。

②指令语法。

```
SUB< SUBPROGRAM NAME>{PARAMETERS}
   < SUBROUTINE CODE TO EXECUTE>
END SUB
```

③指令参数（可选）。<SUBPROGRAM NAME>为 SUB 的名字，{PARAMETERS}为 SUB 的参数（如果 SUB 的声明里指出需要参数）。

④指令示例。

```
DIM SHARED LASTLOOP AS LONG
PROGRAM
LASTLOOP=10
ATTACH A1
MOVE A1 100
CALL A1 MOVE （LASTLOOP）
END PROGRAM

SUB A1 MOVE （LASTLOOP AS LONG）
DIM INDEX AS LONG
FOR INDEX=1 TO LASTLOOP
LRAV MOVE A1 ABS=0
NEXT INDEX
END SUB
```

3）FUNCTION……END FUNCTION。

①指令说明。类似于 SUB 指令，也是用来定义子程序的，不过 FUNCTION 定义的子程序必须包含返回值，因此要在 FUNCTION 的声明中定义返回值的类型与 SUB 不同，调用 FUNCTION 不需要 CALL 指令。同样，FUNCTION 作用范围默认是该示教程序，如果要在其他地方调用，需要在子程序前面添加 PUBLIC 关键字。

②指令语法。

```
FUNCTION< NAME> （{PARAMETERS}）AS< RETURN TYPE> {LOCAL VARIABLE DECLARATION}
{FUNCTION CODE}
END FUNCTION
```

③指令参数（可选）。< NAME >为 FUNCTION 的名字，PARAMETERS 为 FUNCTION 的参数（如果 FUNCTION 的声明里指出需要参数）。

④指令示例。

```
PROGRAM
DIM I AS LONG=-1
…
I=ADD1（5）
…
END FUNCTION
FUNCTION ADD1（BYVAL  A  AS  LONG）AS LONG
ADD1=A+1
END FUNCTION
```

如上述示例所示，FUNCTION 子程序通过表达式的方式来调用。定义一个 LONG 型变量 I，用它来接受 ADD1 的返回值。

（5）延时指令

1）DELAY。

①指令说明。DELAY 指令用来使机器人的运动延时，最短延时时间为 2，单位 ms。

②指令语法。

```
DELAY< MOTIONELEMENT><DELAYTIME>
```

③指令示例。

```
PROGRAM
WITH ROBOT
    ATTACH ROBOT
    MOVE ROBOT P2
    DELAY ROBOT 2                                          '延时2ms
    PRINT"ROBOT IS STOPPED"
DETACH
END WITH
END PROGRAM
```

如上述示例所示，程序首先执行 MOVE 指令，控制机器人从当前点移动到目标点 P2，等到机器人移动到 P2 点后，开始执行 DELAY 指令，2ms 后打印输出“ROBOT IS STOPPED”。

2）SLEEP。

①指令说明。SLEEP 指令的作用是使程序（任务）的执行延时，最短延时时间为 1，单位 ms。

②指令语法。

```
SLEEP<TIME>
```

③指令示例。

```
PROGRAM
WITH ROBOT
ATTACH ROBOT
MOVE ROBOT P2                                  '假设该运动的持续时间为200ms
SLEEP 100                                                  '延时100ms
D_ OUT [25]-ON
DETACH
END WITH
END PROGRAM
```

如上述示例所示，MOVE 指令开始执行的同时，SLEEP 指令也开始执行，假设 MOVE 指令执行完（机器人运动到 P2 点）的时间要 200ms，那么，MOVE 指令执行后，D_ OUT［25］就会输出 ON，此时机器人还未到 P2 点，等到机器人运动到 P2 点后，整个程序执行完毕。上面例子说明了华数机器人中存在运动指令和逻辑指令同时执行的情况，也就是机器人还未到达 P2 点时，信号就输出的情形。

3）DELAY 与 SLEEP 的用法。在华数Ⅱ型控制系统中，存在运动指令（MOVE、MOVES、CIRCLE）和非运动指令（除运动指令之外的指令）两种类型的指令。这两种指令是并行执行的，并非执行完一条指令再执行下一条。请分析下列例子：

```
MOVE ROBOT P1
D_ OUT[30]=ON
```

在这个例子中，第一条指令为运动指令，第二条指令为非运动指令。在系统中，这两条指令是并行执行的，也就是说，当机器人还未运动到 P1 点的时候，D_ OUT［30］就有信号输出了。为了解决这个问题，需要控制系统执行完第一条指令后再执行下一条指令，此时就用 DELAY 指令，即等待运动对象 ROBOT 完成运动后再进行延时动作。所以上述例子应该改为：

```
MOVE ROBOT P1
DELAY ROBOT 2
D_ OUT[30]=ON
```

SLEEP 指令通常有两种应用场合。第一种在循环中使用，请看如下例子：

```
WHILE D_ IN[30]<>ON
SLEEP 10
END WHILE
```

这个例子是机器人等待 D_ IN［30］的信号，若无信号则持续循环，等到信号后结束循环向下执行。由于循环中要一直扫描 D_ IN［30］的值，所以循环体中必须加入 SLEEP 指令，否则控制器 CPU 容易过载出现异常报警。

SLEEP 应用的第二种场合是输出脉冲信号，请看如下例子：

```
D_ OUT[30]=ON
SLEEP 100
D_ OUT[30]=OFF
```

上述例子中，D_ OUT［30］输出了一个宽度为 100m 的脉冲信号，其中必须加 SLEEP 指令，否则脉冲宽度太短导致实际上没有任何脉冲信号输出。

4）如何防止信号提前发送。根据上面的知识可知，逻辑指令和运动指令是同时执行的，所以如果需要在程序中防止信号提前输出，应该加入 DELAY 指令，防止逻辑指令提前执行。如下例：

```
MOVE ROBOT P1
DELAY ROBOT 2
D_ OUT[25]=ON
```

在运动指令 MOVE ROBOT P1 后面加上 DELAY ROBOT 2 即可防止机器人还没到达 P1 点时，D_ OUT［25］就输出信号的情形出现。

（6）循环指令

```
WHILE……END WHILE
```

1）指令说明。该指令用来循环执行包含在其结构中的指令块，直到条件不成立后结束循环，通常用来阻塞程序，直到某条件成立后才继续执行。

2）指令语法。

```
WHILE< CONDITION>
```

```
<CODE TO EXECUTE AS LONG AS CONDITION IS TRUE>
END WHILE
```

3）指令示例。

```
WHILE ROBOT. IS MOVING=1'WAIT FOR PROFILER TO FINISH
SLEEP 220
END WHILE
```

4）指令示例。

```
WHILE A2. VELOCITY FEEDBACK<1000
    PRINT"AXIS 2 VELOCITY FEEDBACK STILL UNDER 1000"
SLEEP 1'FREE THE CPU
END WHILE
```

如上述示例所示，第一个例子是比较典型的运动控制循环，循环的条件是 ROBOT 组正处于运动过程中。该循环的功能是如果 ROBOT 正处于运动过程中，就将程序阻塞在该循环里面，直到 ROBOT 停止运动才跳出循环继续往下执行。第二个例子使用 A2 的反馈速度作为条件，当 A2 的反馈速度低于 1000 时，执行循环内的打印及休眠语句。当 A2 的反馈速度大于等于 1000 时，表达式不成立，此时就会跳出循环，继续执行后面的语句。

需要注意的是，WHILE 循环执行过程中会完全占用 CPU 资源，需要在循环的最后加上 SLEEP 指令，以释放 CPU 资源给其他任务，避免因为 CPU 占用率过高而产生报警。此外，WHILE 指令和 END WHILE 指令必须联合使用才能完成一个循环体。

（7）I/O 指令

I/O 指令包括了 D_ IN 指令、D_ OUT 指令、WAIT 指令、WAITUNTIL 指令。D_ IN、D_ OUT 指令可用于给当前 I/O 赋值为 ON 或者 OFF，也可用于在 D_ IN 和 D_ OUT 之间传值；WAIT 指令用于阻塞等待一个指定信号，可选 D_ IN 和 D_ OUT；WAITUNTIL 指令用于等待 I/O 信号，超过设定时限后退出等待。

1）D_ IN，D_ OUT。

①指令说明。D_ IN、D_ OUT 指令可用于给当前 I/O 赋值为 ON 或者 OFF，也可用于在 D_ IN 和 D_ OUT 之间传值。

②指令语法。

```
D_ IN[I]=ON/OFF
D_ OUT[I]=ON/OFF
```

③指令示例。

```
D_ IN[8]=ON
D_ IN[9]=OFF
D_ OUT[10]=ON
D_ OUT[11]=OFF
```

2）WAIT。

①指令说明。该指令用于等待某一指定的输入或输出的状态等于设定值。若指定的输入或输出的状态不满足时，程序会一直阻塞在该指令行，直到满足为止。

②指令语法。

```
CALL WAIT (<IN | OUT>,<ON | IOFF>)
```

③指令示例。

```
PROGRAM
D_ OUT[1]=OFF
CALL WAIT ( D_ OUT[1],ON )
    PRINT "D_ OUT[1]=ON"
END PROGRAM
```

如上述示例所示，WAIT 指令需要使用 CALL 指令来调用。WAIT 指令的第一个参数为 I/O，第二个参数为该 I/O 的状态的期望值。程序中设定 D_ OUT［1］为关闭状态后，程序会阻塞在该处，等待 D_ OUT［1］再次打开，手动将 D_ OUT［1］的状态置为“ON”后，该指令返回，程序继续执行打印操作。

3）WAITUNTIL。

①指令说明。该指令类似于 WAIT 指令，不同之处是增加了延时时间参数以及延时标识。当指令等待 I/O 状态超过设定时间时，该指令不管 I/O 的状态是否满足，直接返回，并置延时标识为“TRUE”。

②指令语法。

```
CALL WAITUNTIL< IN | OUT><TIME><FLAG>
```

③指令用例。

```
PROGRAM
DIM FLAG AS LONG=FALSE
D_ OUT[1]=OFF
CALL WAITUNTIL ( D_ OUT[1],ON, 3000, FLAG )
IF FLAG= TRUE THEN
    PRINT"D_ OUT[1]=OFF"
ELSE
    PRINT "D_ OUT[1]=ON"
END IF
END PROGRAM
```

如上述示例所示，程序首先复位了 D_ OUT［1］的状态，后执行 WAITUNTIL 指令。该指令会判断 D_ OUT［1］的状态是否为设定的状态，且等待时间为 3000ms，FLAG 的值用于判断 3000ms 的时间是否达到，即判断是否超时，超时则为“TRUE”，不超时则该值为“FALSE”。如果在 3000ms 之内，D_ OUT［1］的状态切到“ON”，则指令立即返回，且超时标志位 FLAG 标识为“FALSE”，程序打印“D_ OUT［1］=ON”；如果 D_ OUT［1］一直处于 OFF 状态，那么 3000ms 过后，跳出等待，指令返回，超时标志位 FLAG 的值为“TRUE”，此时程序会打印“D_ OUT［1］=OFF”。

注意：超时标志位的值与定义时使用的初始值有关。本例中定义 FLAG 变量时，采用的初始值是默认的 FALSE。DIM FLAG AS LONG= FALSE 中“=FALSE”也可省略，系统默认初始值为 0，即可以改为 DIM FLAG AS LONG。

（8）寄存器指令

华数Ⅱ型系统中预先定义了几组不同类型的工业机器人寄存器供用户使用，其中包括整型的 IR 寄存器、浮点型的 DR 寄存器、笛卡儿坐标类型的 LR 寄存器、关节坐标类型的 JR 寄存器。其中 IR 与 DR 寄存器有 200 个可供使用，LR 与 JR 寄存器有 1000 个，寄存器设置格式为目的寄存器 = 操作数 1+操作数 2+…+操作数 N，其中操作数可以为寄存器，也可以为数值。

寄存器里面包含了 LR、JR、DR、IR、SAVE 指令，SAVE 指令用于保存寄存器的值，例如：TOOL FRAME、IR、DR 等寄存器。

寄存器可以直接在程序中使用。一般情况下，将预先需要设定的值手动设置在对应的寄存器中。例如，在手动示教时，将示教点位手动保存在 LR 或 JR 寄存器中，然后编程时直接使用：

```
PROGRAM
WITH ROBOT
ATTACH ROBOT
    MOVE ROBOT JR[1]
    MOVE ROBOT JR[2]
WHILE TRUE
    MOVES ROBOT LR[1]
    MOVES ROBOT LR[2]
    IF IR[1] = 0   THEN
        GOTO END_ PROG
END IF
SLEEP 10
END WHILE
END_ PROG
DETACH ROBOT
END WITH
END PROGRAM
```

如上述示例所示，在程序中可以直接使用预先设定好的寄存器值。使用这种方式编程可以很好地解决点位的调整以及保存等问题。另外，通过 IR 或 DR 寄存器来进行某些条件判断也是很好的辅助程序控制手段，比使用 I/O 点位更加简单方便。

（9）坐标系指令

1）指令说明。坐标系指令分为基坐标系 BASE 指令和工具坐标系 TOOL 指令，在程序中可选择定义的坐标系编号，在程序中切换坐标系。

2）指令语法。

```
CALL SETTOOLNUM ( <INDEX> )
CALL SETBASENUM ( <INDEX> )
```

3）指令示例。

```
PROGRAM
CALL SETTOOLNUM ( 0 )
MOVE ROBOT JR[1]
MOVE ROBOT JR[2]
CALL SETTOOLNUM ( 3 )
MOVE ROBOT LR[6]
```

```
MOVE ROBOT LR[4]
MOVE ROBOT LR[6]
CALL SETTOOLNUM (0)
MOVE ROBOT JR[2]
MOVE ROBOT JR[1]
END PROGRAM
```

任务实施

• 操作任务

1）启动工业机器人。

①开机前检测。如表 5-3 所示，在启动工业机器人之前，进行详细的检查，确保人身及设备的安全。

表 5-3　　开机前的检查工作

检查项目	是否正常	处理方法	备注
线槽导线无破损外露			
机器人本体、外部轴上无杂物、工具等			
控制柜上不摆放物品，尤其是装有液体的物品			
无漏气、漏水、漏电现象			
确认安装装置，如紧急停止按钮等是否能正常工作			

②开机。

a. 接通总闸电源、气源。

b. 将操作面板上电源开关旋至 ON 挡位，电源指示灯亮，示教器界面显示初始化。

c. 示教器正常启动且无报警，表示系统正常启动。复位急停按钮，即可进行机器人的操作。

③停机。

a. 按下急停按钮，将示教器放置于专用挂架上。

b. 将操作面板电源挡旋至 OFF 挡，机器人断电停机。

c. 关闭总闸电源、气源，进行现场清理。

2）机器人手动运行。

①使用机器人示教器，手动运行模式“T1”，选择坐标模式为“轴坐标系”，手动运行 A1～A6 轴，掌握每个轴的正负运动方向，注意运动速度不宜调得过快。

②分别选择坐标模式为世界坐标系、工具坐标系来运行，熟悉机器人手动控制运动方式。

3）工具坐标系与基坐标系的标定。

①工具坐标系标定。

按下菜单键，单击“投入运行”→“测量”→“工具坐标”→“4 点法”，标定一个工具坐标 TOOL 1。完成后，检验标定是否正确。

②基坐标系标定。

单击“菜单”→“投入运行”→“测量”→“基坐标”→“3点法”，标定一个基坐标 BASE 1 完成后，检验标定是否正确。

4）手动控制末端夹具的动作。

通过示教器辅助按键，手动控制机器人末端吸盘的吸取与释放状态、喷嘴的打开与关闭、激光笔的打开与关闭。工业机器人夹具 I/O 地址信息，如表5-4所示。

表5-4　　开机前的检查工作

序号	机器人 PLC 信号	定义	对应机器人 I/O 指令
1	X2.0	真空反馈	D_ IN [17]
2	Y2.0	激光笔开关	D_ OUT [17]
3	Y2.1	喷涂开关	D_ OUT [18]
4	Y2.2	真空发生	D_ OUT [19]
5	Y2.3	真空破坏	D_ OUT [20]

5）程序示教。使用机器人示教器，在示教编程界面新建程序，打开新建程序完成以下操作：

①选择需要在其后添加代码的一行，插入指令。

②选择需要更改的一行代码，进行更改指令。

③保存当前位置到运动指令。

④选中具有点位信息的代码行，实现运动到点功能。

⑤编写一个简单程序，进行检查并排除程序错误信息。

⑥对编写好的程序进行手动单步调试。

6）搬运示教编程。根据要求编写相应程序，将传送带工件中的圆形工件搬运到立体仓库进行示教编程。编写相应程序时所需要的夹具 I/O 地址等信息，如表5-4所示。

要求：

①工作流程的起始点为机器人零点位置。

②选择合适的夹具进行搬运。

③手动将圆形工件放到传送带工件最终停止识别位置上。

④工业机器人自动完成夹具的抓取动作。

⑤工业机器人利用夹具，从传送带工件最终停止识别位置依次抓取圆形工件放入立体仓库。

7）码垛示教编程。根据要求编写相应程序，逐一将立体仓库中的工件搬运到码垛工作台进行码垛示教编程。编写相应程序时所需要的夹具 I/O 地址等信息，如表5-4所示。

要求：

①工作流程的起始点为机器人零点位置。

②选择合适的夹具进行码垛。

③工业机器人自动完成夹具的抓取动作。

④工业机器人利用夹具，从立体仓库中依次抓取工件摆放到码垛平台进行码垛，码垛样式要求如图 5-9 所示。

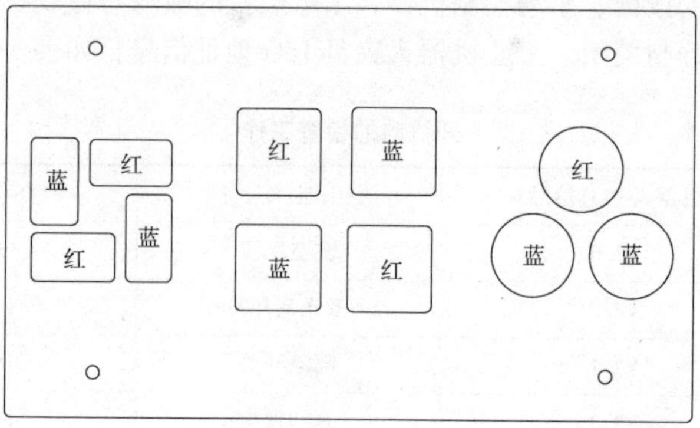

图 5-9　码垛样式示意图

实操评价

工业机器人示教编程操作评价，如表 5-5 所示。

表 5-5　　工业机器人示教编程操作评价表

项目	项目 5	任务			指导教师	
班级		学号	姓名		成绩	
序号	评价项目	考核要点	配分	评分标准	扣分	得分
1	基础操作	机器人上电与手动控制	10			
		坐标系的标定	10	每项 5 分		
		控制末端夹具的动作	10	每项 2 分		
2	示教编程	程序示教	20	每项 2. 5 分		
		搬运示教	25			
		码垛示教	25			
3	安全文明生产	1. 安全正确操作设备，做好事故防范措施 2. 维护实验场地整洁	每违反一项从总分扣 2 分；扣分不超过 10 分			
合计			100			

自测题

（1）简述华数Ⅱ型工业机器人的组成。

（2）简述工业机器人软限位设置的方法。
（3）简述工业机器人校准的步骤。
（4）如何标定工具坐标系及基坐标系？
（5）简述工业机器人在不同坐标系下运动的区别。
（6）工业机器人指令有哪些？写出指令格式并给出用法举例。
（7）简述工业机器人示教编程的基本操作。

任务5.3　工业机器人视觉系统调试

学习目标

1. 知识目标
（1）能认识视觉系统的各个组成部分。
（2）了解视觉系统的安装与连接。
（3）理解视觉系统的工作原理。
（4）掌握视觉系统的标定与模板创建。
2. 技能目标
（1）能够正确创建视觉系统的视觉工具。
（2）能够正确创建视觉系统的标定。
（3）能够实现视觉系统和工业机器人的调试。

任务描述

本任务将学习工业机器人视觉系统的工作原理、组成及功能；学完后学生能够对工业机器人技能鉴定站的视觉系统进行连接、操作与调试。

相关知识

（1）工业机器人视觉系统概述

工业机器人视觉系统就是利用机器代替人眼，使机器人具有像人一样的视觉功能，从而实现各种检测、判断、识别、测量等功能。它是计算科学的一个重要分支，它综合了光学、机械、电子、计算机软硬件等方面的技术，涉及计算机、图像处理、模式识别、人工智能、信号处理、光机电一体化等多个领域。图像处理和模式识别等技术的快速发展也大大地推动了工业机器人视觉系统的发展。

（2）工业机器人视觉系统工作过程

工业机器人视觉系统通过图像采集硬件（相机、镜头、光源等）将被摄取目标转换成图像信号并传送给专用的图像处理系统。图像处理系统根据像素亮度、颜色分布等信息，对目标进行抽取，并做出相应判断，最终将处理结果输出到执行单元进行使用，简单地说，就是进行图像采集、图像处理，传输图像处理结果。

工业机器人视觉系统的工作流程，主要分为图像信息获取，图像信息处理和机电系统执行检测3个部分。根据系统需要还可以实时地通过人机界面进行参数设置和调整。

当被检测的对象运动到某一设定位置时会被位置传感器发现，位置传感器向PLC控制器发送“探测到被检测物体”的电脉冲信号，PLC控制器经过计算得出何时物体将移动到机器人视觉摄像机的采集位置，然后准确地向图像采集卡发送触发信号，采集卡检测到此信号后会立即要求机器人视觉摄像机采集图像。被采集到的物体图像会以BMP文件格式送到工控机，系统调用专用的分析工具软件对图像进行分析处理，得出被检测对象是否符合预设要求的结论，根据“合格”或“不合格”信号，执行机构会对被检测物体做出相应的处理。系统如此循环工作，完成对被检测物体队列的连续处理，如图5-10所示。

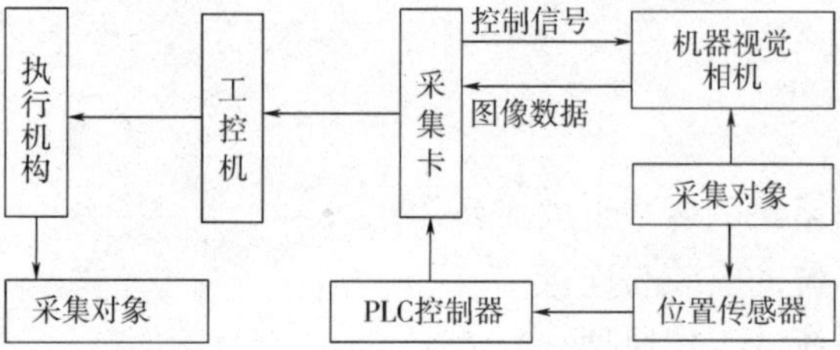

图5-10 工业机器人视觉系统工作原理

一个完整的工业机器人视觉系统的主要工作过程如下：

1）工件位置传感器探测到被检测物体已经运动到接近机器人视觉相机系统的视野中心时，向机器人视觉检测系统的图像采集单元发送触发脉冲。

2）机器人视觉系统的图像采集单元按照事先设定的程序，分别向相机和照明系统发出触发脉冲。

3）机器人视觉相机停止当前的扫描，重新开始新的一帧扫描，或者机器人视觉相机在触发脉冲来到之前处于等待状态，触发脉冲到来后启动一帧扫描。

4）机器人视觉相机开始新的一帧扫描之前可以事先设定打开电子快门曝光时间。

5）另一个触发脉冲打开灯光照明，灯光的开启时间应该与机器人视觉相机的曝光时间相匹配。

6）机器人视觉相机曝光后，正式开始新一帧图像的扫描和输出。

7）机器人视觉系统的图像采集单元接收模拟视频信号，通过A/D转换器将其数字化，或者是直接接收机器人视觉相机数字化后的数字视频信号。

8）图像采集部分将数字图像存放在处理器或计算机的内存中。

9）处理器对图像进行处理分析、识别，获得测量结果或逻辑控制值。

10）处理结果控制流水线的动作、进行定位、纠正运动的误差等。

从上述的工作流程可以看出，机器人视觉系统是一种相对复杂的系统。大多监控和检测对象都是运动的物体，系统与运动物体的匹配和协调动作尤为重要，所以给系统各部分的动作时间和处理速度提出了严格的要求。

在某些应用领域，例如机器人、飞行物体制导等，对整个系统或者系统的一部分的重量、体积和功耗等都会有严格的要求。尽管机器人视觉系统应用各异，但都包含以下几个过程：

1）图像采集：光学系统采集图像，将图像转换成数字格式并传入计算机存储器。

2）图像处理：处理器运用不同的算法来提高对检测结果有影响的图像要素。

3）特征提取：处理器识别并量化图像的关键特征，如位置、数量、面积等，然后将这些数据传送到控制程序。

4）判别和控制：处理器的控制程序根据接收到的数据信息得出结论。

（3）工业机器人视觉系统组成

一个典型的工业机器人视觉系统组成包括：图像采集单元（光源、镜头、相机、采集卡、机械平台），图像处理分析单元（工控主机、图像处理分析软件、图形交互界面），执行单元（电传单元、机械单元）三大部分。

1）图像采集单元。图像采集单元主要由光源、镜头、相机、采集卡及机械平台组成。以下主要介绍光源、镜头、相机和采集卡。

①光源是影响机器人视觉系统输入的重要因素，光源直接影响输入数据的质量和应用效果。由于没有通用的机器人视觉光源设备，所以针对每个特定的应用实例，要选择相应的光源装置及打光方式，以达到最佳效果。

光源分为可见光源和不可见光源。常用的几种可见光源是白炽灯、日光灯、水银灯和钠光灯。可见光对图像质量的影响在于其性能的稳定性。如何使光在一定的程度上保持稳定，是实际使用过程中急需要解决的问题。另一方面，环境光有可能影响图像的质量，可采用加防护屏的方法来减少环境光的影响。

光源系统的照射方法可分为背向照明、前向照明、结构光照明和频闪光照明等。其中，背向照明的被测物放在光源和摄像机之间，它的优点是能获得高对比度的图像。前向照明的光源和摄像机位于被测物的同侧，这种方式便于安装。结构光照明是将光栅或线光源等投射到被测物上，根据它们产生的畸变解调出被测物的三维信息的照明。频闪光照明是将高频率的光脉冲照射到物体上，摄像机拍摄要求与光源同步的照明。

②镜头相当于人眼的晶状体。如果没有晶状体，人眼看不到任何物体；如果没有镜头，摄像机就无法捕捉物体。在机器人视觉系统中，镜头的主要作用是将成像目标聚焦在图像传感器的光敏面上。镜头的质量直接影响到机器人视觉系统的整体性能，合理选择并安装镜头，是机器人视觉系统设计的重要环节。

一般情况下，机器人视觉系统中的镜头可进行如下分类。按焦距分类：广角镜头、标准镜头、长焦镜头等。按调焦方式分类：手动调焦镜头、自动调焦镜头等。按光圈分类：手动光圈镜头、自动光圈镜头。

③相机的功能是将获取的光信号进行转换，然后传输至电脑。数字相机所采用的传感器主要有两大类：CCD和CMOS，其中CMOS传感器由于存在成像质量差、像敏单元尺寸小、填充率低、反应速度慢等缺点，应用范围较窄。目前在机器视觉检测系统中，CCD相机因其具有体积小巧、性能可靠、清晰度高等优点得到了广泛使用。

按照不同的分类标准，CCD相机有着多种分类方式：按成像色彩划分，可分为彩色相机和黑白相机。按扫描制式划分，可分为线扫描相机和面扫描相机两种方式。其中，面扫描 CCD 相机又可分为隔行扫描相机和逐行扫描相机。按分辨率划分，像素数在 38 万以下的为普通型相机，像素数在 38 万以上的为高分辨率型相机。按 CCD 芯片尺寸大小划分，可分为 1/4in、1/3in（1in＝2. 54cm）相机。按数据接口划分，可分为 USB2. 0 相机、USB3. 0 相机、1394A/B 相机、千兆网相机、CameraLink CoxPress 相机等。

④采集卡只是完整的机器人视觉系统的一个部件，但是它扮演着一个非常重要的角色。图像采集卡直接决定了镜头的接口：黑白或彩色、模拟或数字等。

比较典型的是 PCI 或 AGP 兼容的采集卡，可以将图像迅速地传送到计算机存储器进行处理。有些采集卡有内置的多路开关；有些采集卡有内置的数字输入以触发采集卡进行捕捉，当采集卡抓拍图像时数字输出口就触发闸门。

整个采集系统的核心在于如何去获取高质量的图像，而光源则是影响图像质量水平的重要因素。一份好的照明设计能够使我们得到一幅好的图像，从而改善整个系统的分辨率，简化软件的运算，而不合适的照明则会引起很多问题。

好的图像应该具备如下条件：对比度明显，目标与背景的边缘清晰；背景尽量淡化而且均匀，不干扰图像处理；颜色真实，亮度适中，不过度曝光。

2）图像处理分析单元。图像处理分析单元的核心技术为图像处理算法，它包含图像增强、特征提取、图像识别等方面。通过图像处理与分析从而实现产品质量判断、尺寸测量等功能，并将结果信号传输到相应的硬件进行显示和执行。

3）图像采集单元、图像处理分析单元、执行单元之间的关系。

①图像采集单元将图像信号传输给图像处理软件。

②执行单元发送处理图像命令，然后视觉控制系统获取当前图像，通过图像处理算法做出判断，得出结果。

③图像处理分析单元将处理的结果发送给主控系统。

（4）视觉引导系统的作用和原理

在来料位置不固定、来料型号多样化并且颜色有差异时，通过视觉系统，可以识别来料型号、颜色并定位到来料坐标，引导机器人将来料放置在指定区域。

视觉软件通过多点标定的方法，建立图像坐标系与机器人坐标系的关系。使用颜色查找的工具来识别物体颜色。通过模板匹配的方法，定位到目标物的坐标并传送给机器人控制器，引导机器人抓取已定位到的目标。

（5）软件界面介绍

双击图标打开视觉检测软件，软件界面包括图像显示区、日志消息区和功能菜单区等，如图 5-11 所示。

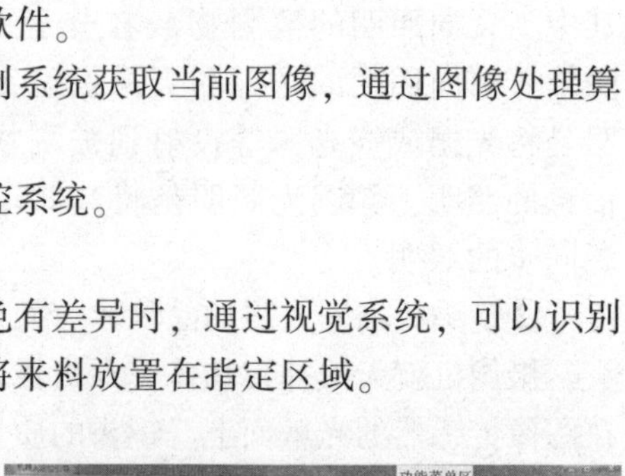

图 5-11　视觉软件界面

功能菜单区包括以下几个部分：

①加载方案：方案加载完成后，显示相机、

机器人、PLC 已连接，系统可自动运行。

②手动测试：进行检测，识别物体的颜色、形状和位置坐标，并将数据信息写入 PLC 和机器人的寄存器。

③相机标定：软件切换成视觉标定界面，建立图像坐标系与机器人坐标系之间的联系，记录机器人取料姿态。

④相机设置：设置相机的曝光参数、增益和图像显示方式。

⑤系统设置：设置平台与方案的路径，设置与机器人和 PLC 连接的通信参数。

⑥模板设置：软件切换到模板配置界面，可以对模板、颜色识别进行参数设置。

⑦显示后台：可以进入软件后台对检测方案进行修改。

⑧退出系统：退出当前软件界面。

任务实施

(1) 软件运行环境和连接

1）软件运行环境。

①Windows7 系统。

②安装 Vision Master2. 2. 0 软件算法平台和加密狗驱动。

③安装 MVS 相机驱动程序。

2）相机的连接。

①相机接上电源，网线插入电脑中的网口（相机的网线不能接在交换机中）。

②与相机相连的网口可自动获取 IP 地址。

③双击打开 MVS 相机驱动程序，正常相机出厂设置为自动获取 IP 地址。

④单击菜单栏的“工具”菜单中的“IP 配置”工具进入配置界面，将相机 IP 地址设置为自动获取 IP（DHCP），然后保存参数。

备注：

①如果列表中没有相机的型号，则表示相机与电脑的物理连接没有连上。

②如果列表中相机的型号前出现黄色感叹号，则表示相机的 IP 地址和与其相连的网口的 IP 地址不在同一个网段。

③如果列表中相机的型号前有一个相机图案，则表示相机与电脑连接成功。

④相机的本地连接的巨型帧要设置为 9 KB MTU，单击“本地连接”→“属性”→“配置”→“高级”→“巨型帧”。

(2) 相机标定

1）标定前的准备。

①先将工业机器人以吸嘴为中心，标定一个工具坐标系。

②让机器人吸取一把直尺（或类似直尺的物体），使其出现在相机的视野中，通过改变机器人 Z 轴的高度，使直尺的上表面与待检测物料的上表面平齐。

③将机器人示教器中的坐标系切换成标定好的工具坐标系，并选择世界坐标系。

2）标定的步骤。

单击视觉软件的“相机标定”按钮，进入到标定界面，如图 5-12 所示。

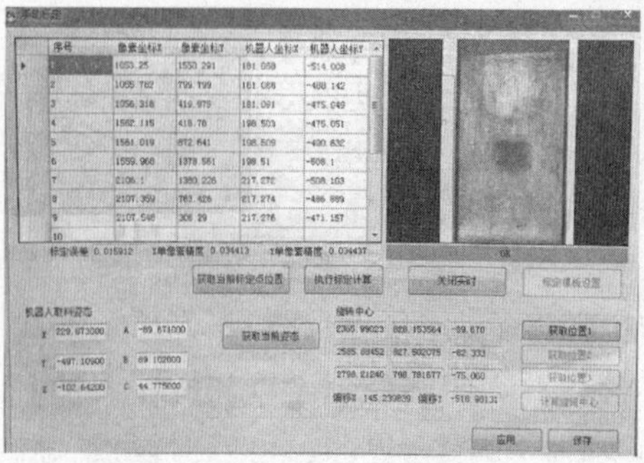

图 5-12　相机标定界面

相机标定界面包括九点标定、旋转中心和机器人取料姿态三部分，具体标定步骤如下：

①关闭实时。将标定板 mark 点移动到位后，关闭实时才能进入标定模板设置。

②标定模板设置。进入标定模板设置界面设置标定模板。

③获取当前标定点位置。9 点标定获取 9 个位置的物理坐标与像素坐标。

④执行标定计算。计算出标定质量、标定误差以及单像素精度。

⑤旋转中心标定。获取 3 个位置计算旋转中心。

⑥示教一个标准取料位置，获取机器取料姿态。

⑦ 9 点标定、旋转中心标定和机器人取料姿态全部完成后，单击“应用”→“保存”并退出。

3）标定模板制作。单击“模板设置”，弹出标定模板界面，单击“特征模板”进入到模板配置界面，选择合适的轮廓，框选出特征 mark 点，然后单击“生成模型”，得出 mark 点轮廓后单击“确定”并退出，如图 5-13、图 5-14 所示。

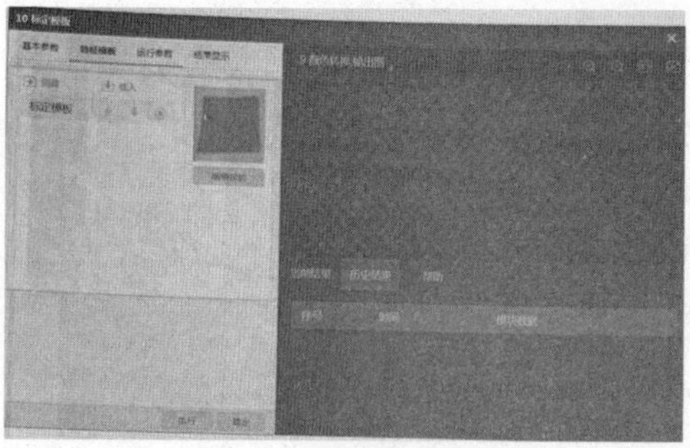

图 5-13　标定模板界面

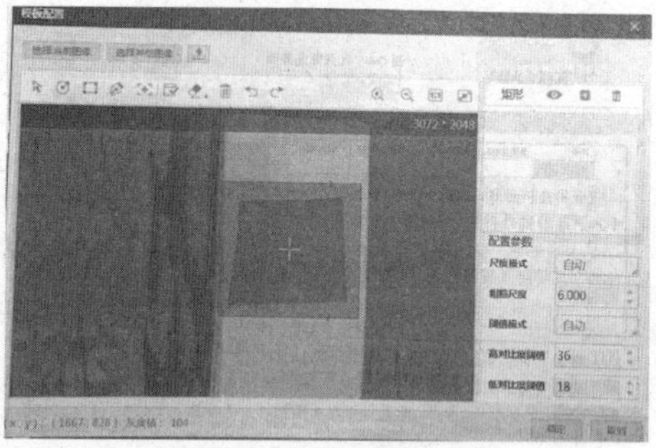

图 5-14　标定配置界面

4）9 点标定。标定模板配置完成后，单击“获取当前标定点位置”来获取移动机器人在图像上的 9 个坐标。坐标获取后单击“执行标定计算”，得出标定参数，如图 5-15 所示。

5）旋转中心的标定。旋转中心需要在 9 点标定完成后再来进行。机械手绕着吸嘴依次旋转任意角度 3 次，分别单击“获取位置 1”→“获取位置 2”→“获取位置 3”，如图 5-16、图 5-17、图 5-18 所示，获取好位置后单击“计算旋转中心”，就可以得出吸嘴中心偏移量，在旋转中心标定时，一定要注意旋转角度是否正确。

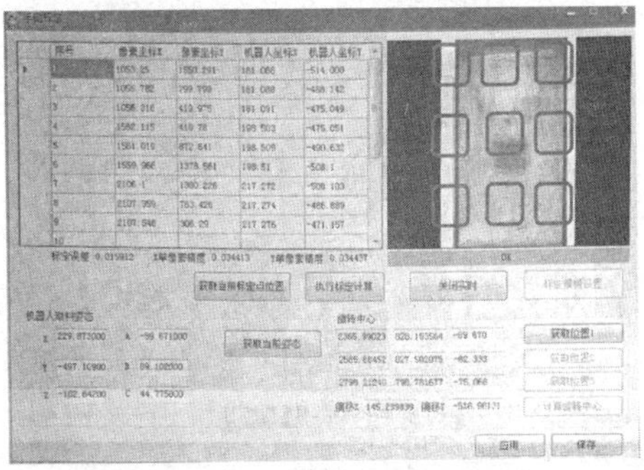

图 5-15　9 点标定界面

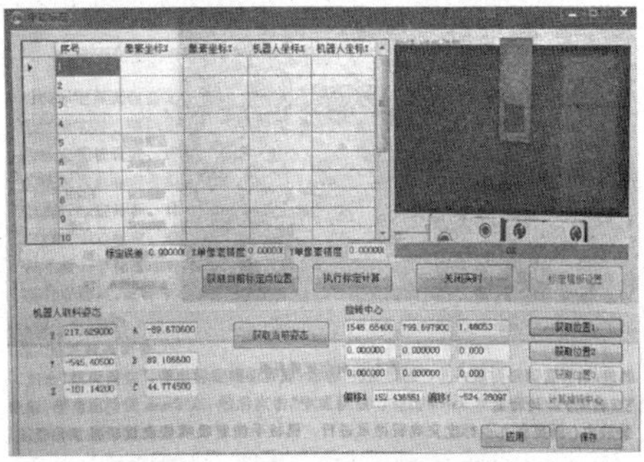

图 5-16　旋转中心获取位置 1

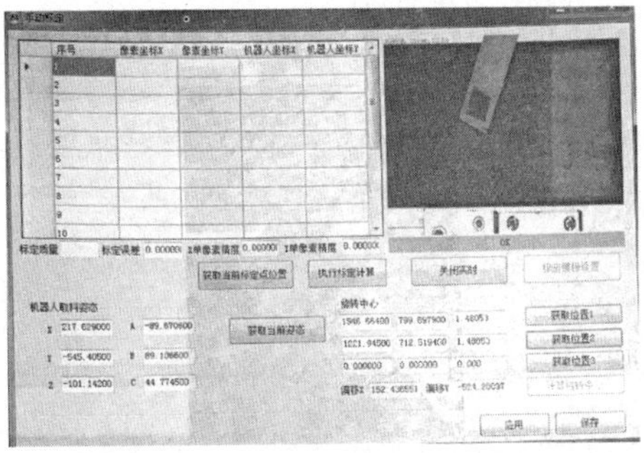

图 5-17　旋转中心获取位置 2

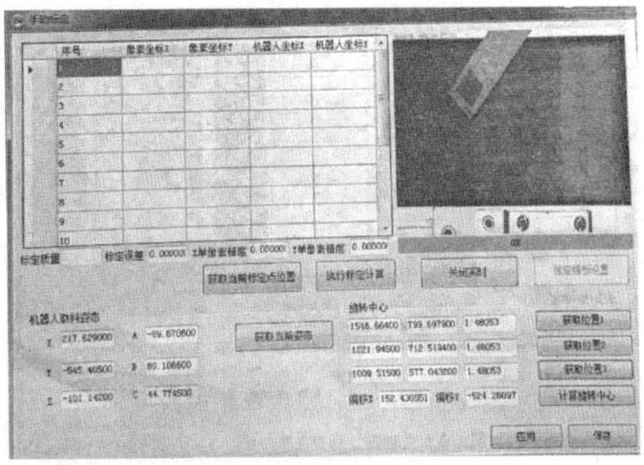

图 5-18　旋转中心获取位置 3

6）机器人取料姿态。取一个物料放在传送带上，将其一边靠在传送带的一侧，调整机器人姿态，使吸嘴能吸取到物料，单击“获取当前姿态”，如图 5-19、图 5-20 所示。

图 5-19　机器人取料姿态

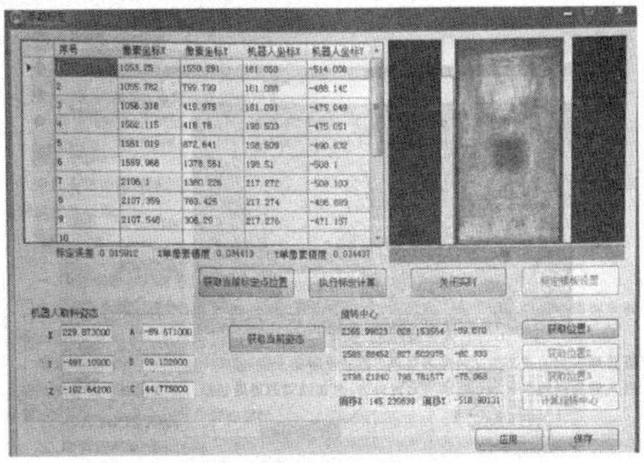

图 5-20　获取取料姿态

标定过程中的注意事项如下：

①机器人吸取的标定物上表面必须与待测物料的上表面平齐。

②在机器人移动的过程中，被吸着的标定物一定不能与吸嘴发生相对移动。

③一定要按照 9 点标定→旋转中心标定→机器人取料姿态的顺序操作。

(3) 相机、系统参数与模板设置

1）相机设置。单击“相机设置”，弹出如图 5-21 所示界面，相机设置界面包括相机的曝光时间、增益调节、触发模式和图像显示方式等参数。

2）系统参数设置。“系统参数设置”界面，如图 5-22 所示，系统参数设置包括算法平台路径与检测方案的路径设置、机器人与 PLC 的 IP 地址和端口号设置，在加载方案前需正确设置平台路径以及方案路径，通信设置可以手动设置 IP 地址和端口号，设置好 IP 地址后，可单击“通讯测试”按钮来确定机器人、PLC 是否连接，将路径设置与通信设置好后，单击“应用”→“保存”，然后退出。

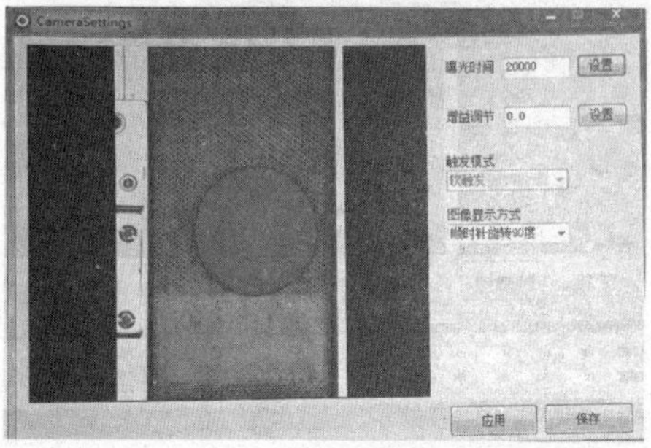

图 5-21　相机设置界面

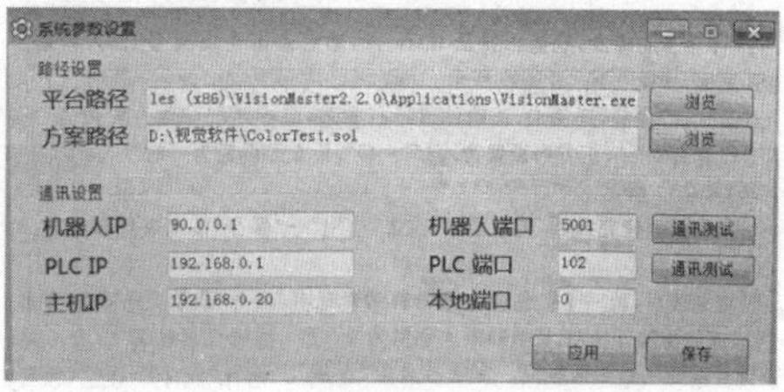

图 5-22　系统参数设置界面

3）模板设置。模板设置界面如图 5-23 所示，包括模板创建和颜色识别设置。

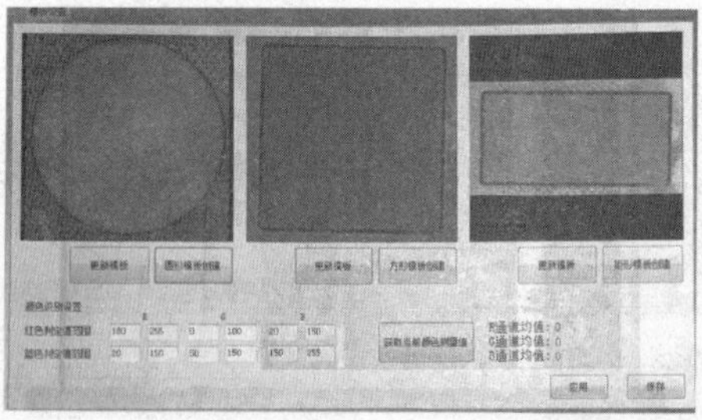

图 5-23　模板与颜色设置界面

①模板创建。模板设置界面包括圆形模板创建、方形模板创建、矩形模板创建，下面以圆形模板创建为例，介绍模板的设置。

单击“圆形模板创建”，弹出“圆形模板创建”界面，单击“特征模板”选项卡，进入到模板配置界面，选择合适的轮廓，框选出特征 mark 点，然后单击生成模型图标，得出 mark 点轮廓后确定并退出，如图 5-24、图 5-25 所示。

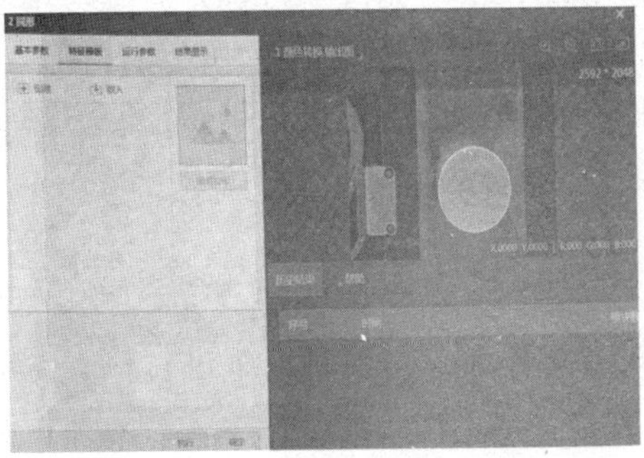

图5-24　模板设置界面1

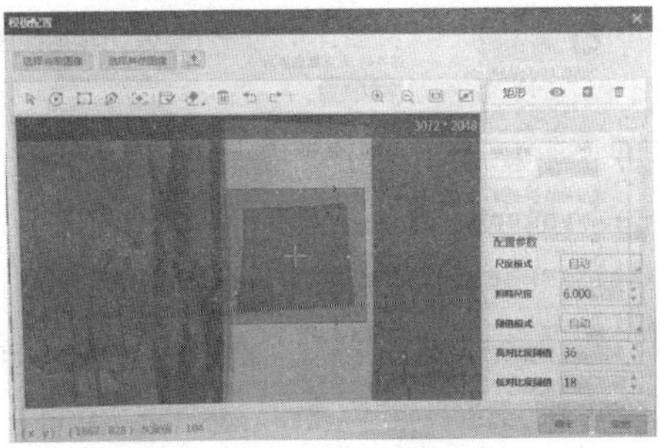

图5-25　模板设置界面2

然后单击“运行参数”选项卡，正确设置运行参数，最小匹配分数一般设置0.8以上，角度范围圆形设置为0～0，正方形设置为-45°～45°，长方形设置为-60°～60°。设置完成，确定后退出，如图5-26所示。

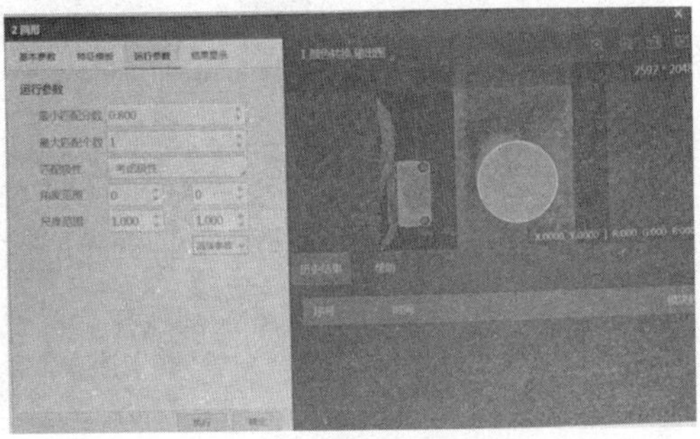

图5-26　运行参数设置

三个形状模板创建完成后，更新模板，单击“应用”→“保存”按钮来保存方案。

②颜色设置。模板设置完成后，放一个红色或蓝色物料到视野中，单击“获取当前颜色测量值”，得到R、G、B三通道的均值。R、G、B值的范围为0～255，根据获得的R、G、B三通道的均值来合理设置对应颜色的阈值范围。完成后单击“应用”→“保存”并退出，颜色设置界面如图5-23所示。

注：在设置、更改了模板或者颜色阈值后，都需要单击“应用”→“保存”按钮来保存方案。

（4）视觉系统调试

1）视觉软件的设定。打开视觉软件，进行系统设置，正确设置平台与方案的路径，正确设置机器人和PLC的通信连接。打开“显示后台”，进入软件后台对检测方案进行检查。

2）视觉系统的视觉工具的创建。打开视觉软件的视觉工具界面，创建工件模板（圆形、方形、矩形）和工件颜色，完成创建，在手动测试界面使智能视觉相机正确摄取图像信号，并在视觉软件界面显示出来。

3）视觉系统的标定。打开视觉软件的标定界面，依次完成 9 点标定、旋转中心标定和取料姿态获取，正确建立视觉系统的图像坐标系与机器人坐标系的关系。

4）视觉系统与机器人调试。通过视觉软件在手动测试下依次识别圆形、方形、矩形工件，手动运动机器人夹具准确送达物料。

（5）显示后台

单击“显示后台”后，会弹出如图 5-27 所示界面，选择账户登录后，会进入到后台编辑修改方案软件界面，如图 5-28 所示。在方案界面要对检测方案进行检查，看方案是否正确，否则会影响视觉系统的运行

单击“模板设置”，弹出标定模板界面，单击“特征模板”进入到模板配置界面，选择合适的轮廓，框选出特征 mark 点，然后单击“生成模型”，得出 mark 点轮廓后单击“确定”并退出，如图 5-27、图 5-28 所示。

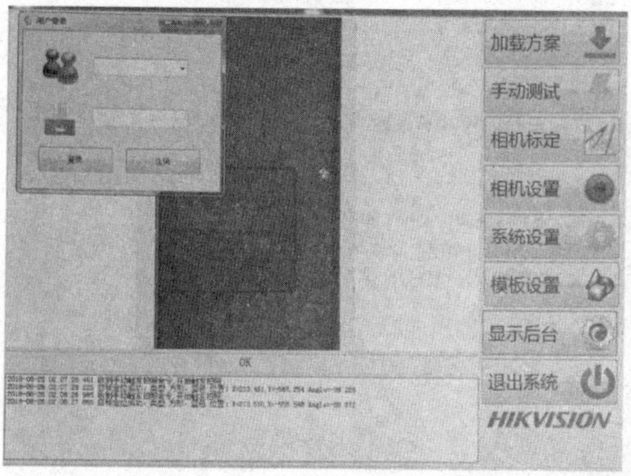

图 5-27　显示后台登录界面

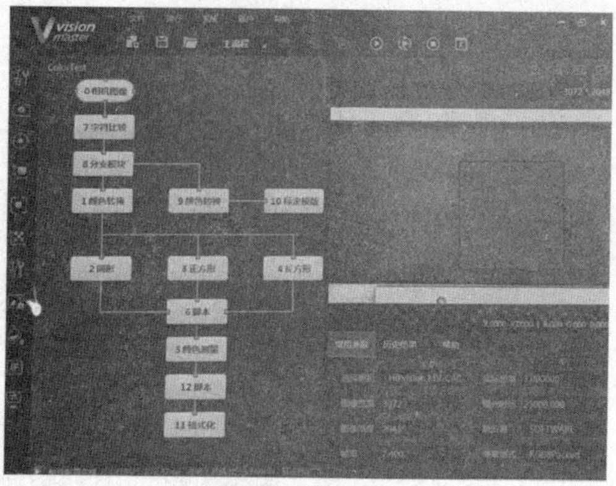

图 5-28　后台编辑修改界面

实操评价

工业机器人视觉系统调试操作评价，如表 5-6 所示。

表 5-6　　工业机器人视觉系统调试操作评价表

项目	项目 5	任务			指导教师	
班级		学号	姓名		成绩	
序号	评价项目	考核要点	配分	评分标准	扣分	得分
1	认识机器视觉系统	认识视觉系统的各个组成部分	4			
		了解视觉系统的工作原理	4			
2	相机标定	标定模板制作	10			
		九点标定	9	每项 1 分		
		旋转中心标定	9	每项 3 分		
		机器人取料姿态	9			

续表

项目	项目 5	任务			指导教师	
班级		学号	姓名		成绩	
序号	评价项目	考核要点	配分	评分标准	扣分	得分
3	模板设置	创建圆形、方形、矩形模板	15	每项 5 分		
		颜色设置	10			
4	视觉与机器人调试	视觉软件设定	10			
		手动调试	20			
5	安全文明生产	1. 安全正确操作设备，做好事故防范措施 2. 维护实验场地整洁	每违反一项从总分扣 2 分；扣分不超过 10 分			
合计			100			

自测题

（1）简述智能视觉系统的组成和工作原理。

（2）简述视觉系统标定原理与标定方法。

（3）简述视觉系统模板与颜色的创建方法。

任务 5.4　工业机器人技能鉴定站综合应用

学习目标

1. 知识目标

（1）了解总控单元的功能及应用。

（2）了解常见的 PLC 报警提示及其解决方法。

（3）了解工业机器人搬运系统的连接结构。

（4）掌握工业机器人技能鉴定站的操作与相关设置。

2. 技能目标

（1）掌握总控单元的调试与应用。

（2）能根据 PLC 报警提示采取有效的解决方法。

（3）能根据任务正确配置工单并运行。

（4）能正确运用总控单元实现工业机器人技能鉴定站的手动调试功能。

（5）能够独立进行工业机器人技能鉴定站的联调。

任务描述

本任务将以总控单元为例，介绍总控单元的基本功能及操作、总控单元的运行调试及应用以及工业机器人综合调试的步骤和方法。

将自动上料模块中的各类工件推至传送带，再通过视觉 PC 平台识别，使工业机器人自动将工件搬运到立体仓库的指定位置。

相关知识

（1）PLC 报警及处理方式

工业机器人技能鉴定站 PLC 常见的报警提示及建议解决方案，如表 5-7 所示。

表 5-7 PLC 报警及处理方式

报警提示	问题解决方法
圆形（方形、矩形）推料气缸不在始位（末位）报警	1. 检查气源输送是否正常 2. 手动复位气缸，再启动
末端定位气缸不在始位（末位）报警	
圆形（方形、矩形）料仓缺料报警	1. 检查料仓是否缺料，不足加料 2. 检查传感器是否正常
等待视觉信号报警	检查视觉通信和视觉检测是否正常
机器人不在外部模式	把机器人切换到外部模式下，再启动
安全光栅保护区域入侵报警	清除区域内的遮挡物，确定安全后，复位光栅
安全光栅入侵，请按复位	清除障碍物，确保无人员进入光栅下，复位，启动机器人
暂停按钮已按下报警	解除安全问题，旋起暂停按钮
急停按钮已按下报警	旋起急停按钮，解除安全问题后，再启动
机器人未响应报警	1. 检查机器人通信是否正常 2. 检查机器人是否有报警
机器人程序出错报警	机器人程序运行出错，检查编写的程序语法问题
机器人不在原点位置报警	把机器人手动回到原点位置，再启动
输送带传感器上有料报警	启动前，清除传送带上的余料
输送带上物料异常	清除上料线上的异物
机器人暂停中报警	按复位后再启动
机器人加载不成功	1. 卸载后再次加载 2. 检查机器人程序和运行设置问题
机器人未准备好	等待程序加载，或等待程序运行
视觉未检测错误	检查视觉模型是否创建成功，手动测试
视觉检测颜色错误	检查视觉颜色是否创建成功，手动测试
视觉未开启	开启视觉系统和软件
视觉判断超时	1. 首次视觉运行较慢，等待 10s 2. 检查模板和颜色是否创建
暂停中，按复位继续	按复位继续

续表

报警提示	问题解决方法
急停中	旋起急停按钮，解除安全问题后，再启动
任务模式未选择，请选择	选择工单模式
上位机未运行，请开启	开启上位机软件
任务模式操作数设置错误，请设置	工单参数设置错误，检查参数设置，重新设置再启动

（2）点位寄存器

工业机器人技能鉴定站重要点位寄存器预设值，如表 5-8 所示。

表 5-8　　重要点位寄存器预设值

寄存器名称	含义	备注
JR［1］	机器人原点	默认值
JR［2］	取料预备点	
JR［3］	放料预备点	
JR［4］	放余料预备点	
LR［10］、LR［11］	圆形蓝色 1 号、2 号放料位	
LR［12］、LR［13］	圆形红色 1 号、2 号放料位	
LR［14］、LR［15］	方形蓝色 1 号、2 号放料位	
LR［16］、LR［17］	方形红色 1 号、2 号放料位	
LR［18］、LR［19］、LR［20］、LR［21］	矩形蓝色 1 至 4 号放料位	
LR［22］、LR［23］、LR［24］、LR［25］	矩形红色 1 至 4 号放料位	
LR［40］、LR［41］	圆形蓝色 1 号、2 号取料位	
LR［42］、LR［43］	圆形红色 1 号、2 号取料位	
LR［44］、LR［45］	方形蓝色 1 号、2 号取料位	
LR［46］、LR［47］	方形红色 1 号、2 号取料位	
LR［48］、LR［49］、LR［50］、LR［51］	矩形蓝色 1 至 4 号取料位	
LR［52］、LR［53］、LR［54］、LR［55］	矩形红色 1 至 4 号取料位	
LR［99］	增量	50mm
LR［100］	取料（放料、余料）点	变量

（3）机器人取放料编码

1）信息交流方式。机器人与 PLC 通过 IR［1］与 IR［2］两个寄存器交换数据。

①IR［1］：PLC 发送到机器人的编码。在主程序中，当 IR［1］编码符合条件时，机器人程序将会发生跳转，跳转到 PLC 发来的编码相对应的动作。

②IR［2］：机器人发给 PLC 的编码。当跳转到子程序中，机器人会发出 IR［2］编码告诉 PLC，机器人已经跳转到子程序中，等待 PLC 给机器人发来下一个指令。

2）机器人取放料编码。工业机器人技能鉴定站取放料编码，如表 5-9 所示。

表 5-9 工业机器人技能鉴定站取放料编码

IR［1］编码接收寄存器		IR［2］编码反馈寄存器	
IR［1］	编码定义	IR［2］	编码定义
1	呼叫执行取料	1	呼叫执行取料反馈
2	执行取料	2	执行取料反馈
3	呼叫取料完成反馈	3	呼叫取料完成
4	取料完成已确认	4	取料完成确认
5	放料反馈完成	5	放料完成
7-10（奇）	呼叫放圆形蓝色 1、2	7-10（奇）	呼叫放圆形蓝色 1、2 反馈
7-10（偶）	执行放圆形蓝色 1、2	7-10（偶）	执行放圆形蓝色 1、2 过程中
11-14（奇）	呼叫放圆形红色 1、2	11-14（奇）	呼叫放圆形红色 1、2 反馈
11-14（偶）	执行放圆形红色 1、2	11-14（偶）	执行放圆形红色 1、2 过程中
15-18（奇）	呼叫放方形蓝色 1、2	15-18（奇）	呼叫放方形蓝色 1、2 反馈
15-18（偶）	执行放方形蓝色 1、2	15-18（偶）	执行放方形蓝色 1、2 过程中
19-22（奇）	呼叫放方形红色 1、2	19-22（奇）	呼叫放方形红色 1、2 反馈
19-22（偶）	执行放方形红色 1、2	19-22（偶）	执行放方形红色 1、2 过程中
23-30（奇）	呼叫放矩形蓝色 1 至 4	23-30（奇）	呼叫放矩形蓝色 1 至 4 反馈
23-30（偶）	执行放矩形蓝色 1 至 4	23-30（偶）	执行放矩形蓝色 1 至 4 过程中
31-38（奇）	呼叫放矩形红色 1 至 4	31-38（奇）	呼叫放矩形红色 1 至 4 反馈
31-38（偶）	执行放矩形红色 1 至 4	31-38（偶）	执行放矩形红色 1 至 4 过程中
51	呼叫执行模式一子程序	51	呼叫执行模式一子程序反馈
52	执行模式一子程序	52	执行模式一子程序过程中
54	呼叫执行模式二子程序	54	呼叫执行模式二子程序反馈
55	执行模式二子程序	55	执行模式二子程序过程中
60	呼叫放余料	60	呼叫放余料反馈
61	执行放余料	61	执行放余料过程中

（4）联调方法

1）联调准备。

①工业机器人的准备。

a. 工业机器人程序已示教编程。

b. 工业机器人工具选择标定好的工具坐标。

c. 工业机器人“急停”按钮打开。

d. 工业机器人 EXT_ PRG 变量已经设置好。

e. 工业机器人运行模式是外部运行。

f. 工业机器人处于零点位置。

②视觉系统的准备。

a. 相机的亮度及焦距已调整好。

b. 视觉软件的系统已正确设置。

c. 视觉系统方案已加载。

d. 视觉系统的视觉工件模板和颜色已创建好。

e. 视觉系统已完成相机标定。

③其他准备。

a. 工件已放在对应自动上料平台。

b. 总控单元没有报警。

c. 平台联调模式选择自动模式。

d. 工单任务已配置好。

2）联调步骤。

①按下“启动”按钮，再按下“复位”按钮。

②在弹出的“模式选择”界面选择正确工单，系统会根据工单任务自动执行。

③完成一个工单任务后，按下“停止”按钮。

④根据下一个工单任务，再次执行上述①～③的步骤。

任务实施

（1）IP 地址和端口号分配

工业机器人技能鉴定站主要功能模块的 IP 地址分配情况，如表 5-10 所示。

表 5-10　　IP 地址与端口号分配

序号	名称	IP 地址分配	备注
1	工业机器人	90. 0. 0. 1	
2	总控 PLC	192. 168. 0. 1	
3	计算机	192. 168. 0. 20	
		90. 0. 0. X	同机器人网段
4	CCD 视觉相机	自动获取	
5	上位机软件	192. 168. 0. 20	

（2）工单配置与手动调试

1）打开工控机软件。打开工控机软件后，出现如图 5-29 所示界面。如果软件打开失败，说明网络通信失败，请按表 5-10 分配 IP 地址。

2）工单配置。单击“工单配置 & 手动调试”，出现如图 5-30 所示界面。

工单配置包括任务模式一和任务模式二。任务模式一只要求配置圆形工件的派单数。派单完成后，出库单元执行推料动作，工件通过视觉检测后，运行到传送带尾端，机器人抓取工件放置到相应的立体仓库位。任务模式二可配置圆形、方形、矩形工件的派单数。派单完成后，出库单元执行推料动作，工件通过视觉检测后，传送工件在传送带的位置信息将传送给机器人，机器人抓取工件放置到相应的立体仓库位。

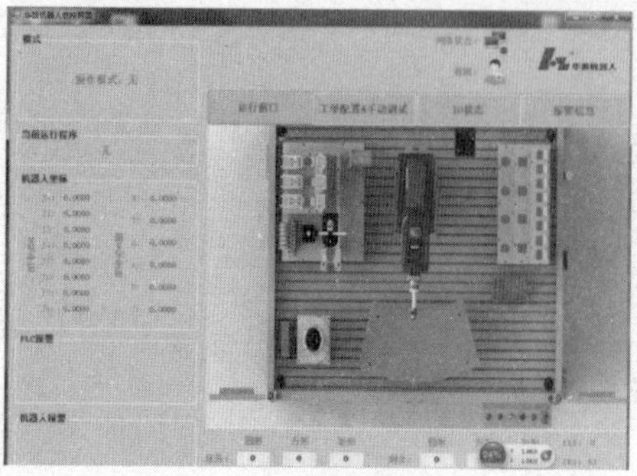

图 5-29　PLC Robot 软件界面

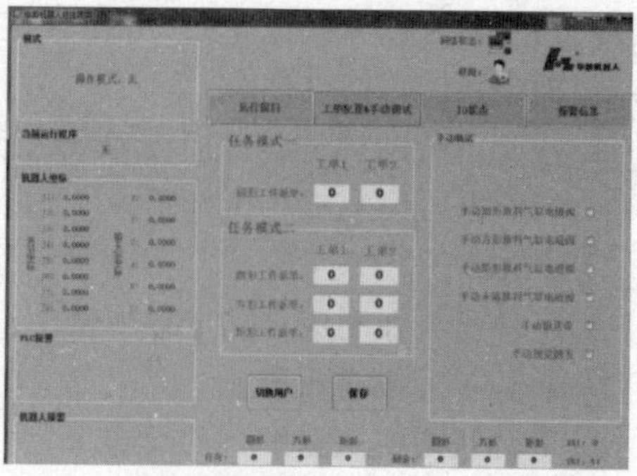

图 5-30　工单配置与手动调试界面

在进行配置时，先需要登录，如图 5-31 所示，然后才可以进行设置，设置完成后，单击“保存”按钮，如图 5-32 所示。

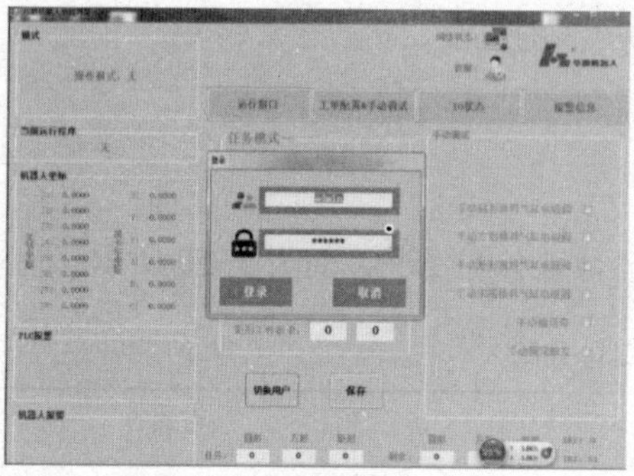

图 5-31　登录用户权限

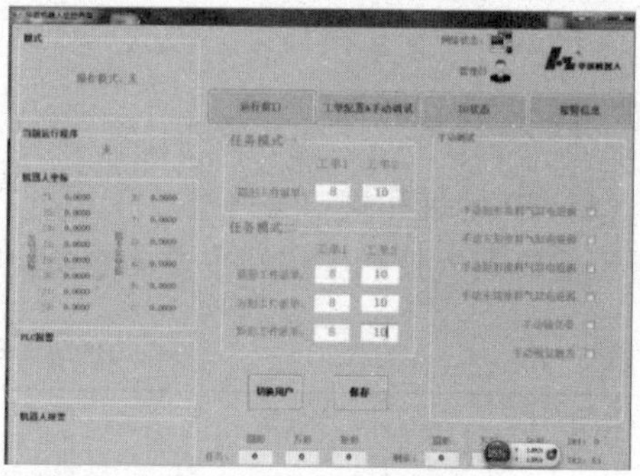

图 5-32　工单修改界面

3）手动调试。手动调试栏包括手动圆形推料气缸电磁阀、手动方形推料气缸电磁阀、手动矩形推料气缸电磁阀。选择这些项目，就可以对上料平台进行出料。手动输送带可对传送带进行启停控制。解除警报，按绿色启动键，正常启动后，弹出如图 5-33 所示界面，此时按难度选择工单即可。

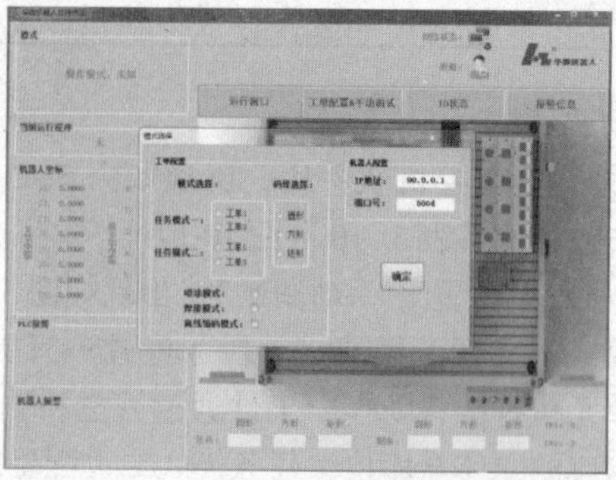

图 5-33　工单选择界面

（3）I/O 状态监控

在如图 5-34 所示界面中，可以监控到 I/O 状态。

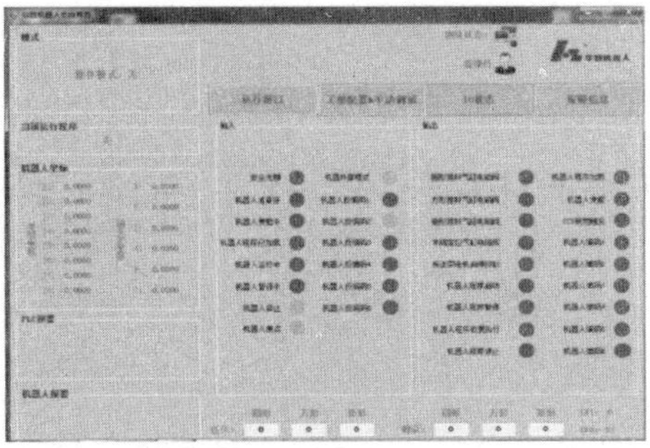

图 5-34　I/O 状态监控界面

状态栏各项内容说明如下：

①模式：自动运行状态下，选择的工单难度显示。

②当前适行程序：监控机器人调用的程序。

③机器人坐标：监控机器人的动作变化，以数字量显示。

④PLC 报警：小窗口报警提示区域。

⑤机器人报警：小窗口机器人报警提示区域。

⑥任务与数量：监控工单完成与未完成的数量。

（4）机器人参考程序

1）主程序。

```
'( ADD YOUR COMMON/COMMON SHARED VARIABLE HERE )
PROGRAM
'( ADD YOUR DIM VARIABLE HERE )
WITH ROBOT
ATTACH ROBOT
ATTACH EXT_ AXES
CALL SETTOOLNUM ( 10 )
MOVE ROBOT  JR[1]                                   '机器人原点
D_ OUT[19] = OFF                                    '真空复位
D_ OUT[20] = OFF
IR[2]=0
WHILE TRUE
'( WRITE YOUR CODE HERE )
CALL SETTOOLNUM ( 10 )
CALL SETBASENUM ( 0 )
IF IR[1]=51 THEN                                    '模式一下派单
CALL ONE
END IF
```

```
IF IR[1]=54 THEN                              '模式二下派单
CALL TWO
END IF
SLEEP 100
END WHILE
DETACH ROBOT
DETACH EXT_ AXES
END WITH
END PROGRAM
```

2）子程序。

```
PUBLIC SUB MODETWO
'(WRITE YOUR CODE HERE)
```

①模式二执行反馈。

```
IR[2]=54                                      '模式二执行反馈
SLEEP 100
CALL WAIT(IR[1],55)                           '模式二子程序中
IR[2]=55                                      '模式二子程序中反馈

WHILE TRUE
```

②机器人取料。

```
CALL WAIT(IR[1],1)                            '呼叫执行取料
IR[2]=1                                       '呼叫执行取料反馈
CALL WAIT(IR[1],2)                            '执行取料中
IR[2]=2                                       '执行取料中反馈

MOVE ROBOT JR[2]                              '模式二取料预备点
MOVE ROBOT LR[1]+#{0,0,100,0,0,0}             '取料上方
MOVES ROBOT LR[1] VTRAN=100                   '取料点
DELAY ROBOT 100
D_ OUT[19] = ON                               '真空发生开启
D_ OUT[20] = OFF                              '真空破坏关闭
SLEEP 100
CALL WAIT(D_ IN[17],ON)                       '真空反馈
MOVES ROBOT LR[1]+#{0,0,100,0,0,0}            '取料上方
MOVE ROBOT JR[2]                              '模式二取料预备点
```

③机器人取料完成。

```
IR[2]=3                                       '呼叫取料完成
```

```
CALL WAIT ( IR[1],3 )                                '呼叫取料完成反馈
IR[2]=4                                              '呼叫取料完成已确认
CALL WAIT ( IR[1],4 )                                '呼叫取料完成已确认反馈
IR[2]=0
```

④机器人放料。

```
MOVE ROBOT JR[3]                                     '模式二放料预备点
IR[100]=IR[1]+1
IR[2]=IR[1]                                          '呼叫放料反馈
CALL WAIT ( IR[1],IR[100] )                          '执行放料中
IR[2]=IR[100]

IF IR[100]=61 THEN                                   '放余料位置
LR[100]=LR[5]
ELSE
LR[100]=LR[IR[100]/2+6]                              '其他放料位置
END IF

MOVE ROBOT LR[100]+#{0,0,100,0,0,0}                  '放料上方
MOVES ROBOT LR[100] VTRAN=100                        '放料点
DELAY ROBOT 100
D_ OUT[19] = OFF                                     '真空发生关闭
D_ OUT[20] = ON                                      '真空破坏开启
SLEEP 100
CALL WAIT ( D_ IN[17],OFF )                          '真空反馈
D_ OUT[20] = OFF                                     '真空破坏关闭
MOVES ROBOT LR[100]+#{0,0,100,0,0,0}                 '放料上方
MOVE ROBOT JR[3]                                     '模式二放料预备点
```

⑤机器人取料完成。

```
IR[2]=5                                              '呼叫放料完成
CALL WAIT ( IR[1],5 )                                '呼叫放料完成反馈
IR[2]=0                                              '清码
SLEEP 100
END WHILE
END SUB
```

3）整体流程。

整体流程如图 5-35 所示。

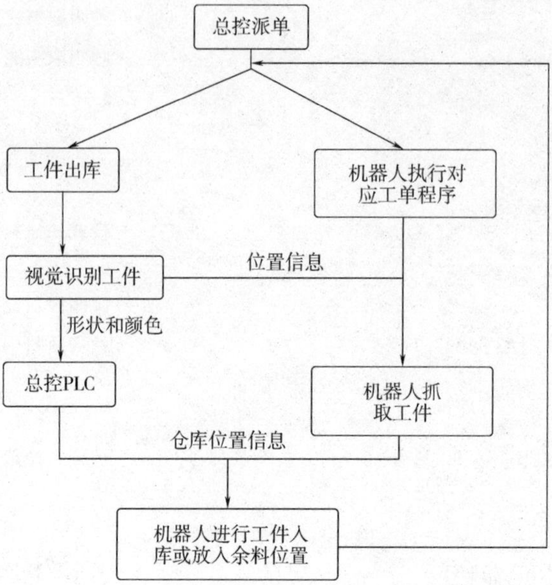

图 5-35　整体流程图

实操评价

工业机器人技能鉴定站综合应用操作评价，如表 5-11 所示。

表 5-11　　工业机器人技能鉴定站综合应用操作评价表

项目	项目 5	任务			指导教师	
班级		学号	姓名		成绩	
序号	评价项目	考核要点	配分	评分标准	扣分	得分
1	PLC 报警处理	正确处理 PLC 常见报警	15	无法处理，每项扣 5 分		
2	联调准备	工业机器人示教	10			
		视觉系统设定	15	每项 2.5 分		
		总控单元手动调试	10	每项 2.5 分		
3	编程与调试	工业机器人编程	20			
		工单配置	10			
		总控单元运行与应用	20	每项 1 分		
4	安全文明生产	1. 安全正确操作设备，做好事故防范措施 2. 维护实验场地整洁	每违反一项从总分扣 2 分；扣分不超过 10 分			
合计			100			

自测题

（1）简述总控单元在手动调试下可以实现哪些功能的控制。
（2）简述总控软件工单配置的步骤。
（3）简述联调的准备和一般步骤。
（4）列举总控单元运行中出现的报警情况及解决办法。

任务5.5　工业机器人离线编程与应用

学习目标

1. 知识目标
（1）了解离线编程的含义及发展现状。
（2）掌握离线编程的基本原理。
（3）了解 Inte Robot 离线编程软件的特色及功能。
（4）了解工业机器人离线编程在喷涂领域的应用方法。
2. 技能目标
（1）掌握 Inte Robot 离线编程软件的基本操作。
（2）能使用离线编程软件生成加工路径并进行仿真。
（3）能操作离线编程软件生成机器人识别的代码程序。

任务描述

（1）本任务将介绍离线编程软件的定义、发展趋势、工作原理等，使学生了解离线编程的基本组成及基本原理。

（2）本任务以 Inte Robot 离线编程软件为例介绍离线编程软件运行环境、操作界面和使用功能，让学生掌握 Inte Robot 离线编程软件的使用方法。

（3）本任务将以花瓶喷涂离线编程为例，介绍离线编程软件的操作流程和使用功能，让学生掌握 Inte Robot 离线编程软件在喷涂领域的应用方法。

相关知识

（1）工业机器人的编程方式

随着人口红利的逐步减弱，人工成本的不断上涨，采用机器人替代人工已经成为制造企业的可行选择。目前，工业机器人广泛应用于焊接、装配、搬运、喷漆、打磨等领域。随着任务的复杂程度不断增加，工业对机器人编程的要求也更高。工业机器人的编程方式、编程效率和质量显得越来越重要。目前，一般企业采用的工业机器人编程方式有两种：示教编程与离线编程。

1）示教编程，即操作人员通过示教器或者手动方式控制机器人的关节运动，让机器人按照一定的轨迹运动，机器人控制器记录动作，并可根据指令自动重复该动作。

目前，机器人示教编程主要应用于对精度要求不高的任务，如搬运、码垛、喷涂等领域，特点是轨迹简单、操作方便。有些场合甚至不需要使用示教器，而是直接由人手执固定在机器人末端的工具进行示教。但是当任务对精度要求较高时，示教编程则无法满足。

2）离线编程是通过软件在电脑里重建整个工作场景的三维虚拟环境，再根据加工工艺等相关需求，进行一系列操作，自动生成机器人的运动轨迹，即控制指令，然后在软件中仿真与调整轨迹，生成机器人执行程序，输入到机器人控制器中。

目前离线编程广泛应用于打磨、去毛刺、焊接、激光切割、数控加工等机器人新兴应用领域。离线编程克服了在线示教编程的很多缺点，离线编程系统具有如下优点：

①减少机器人停机时间，当对下个任务进行编程时，机器人仍可在生产线上工作。

②使编程者远离危险的工作环境，改善了编程环境。

③离线编程系统使用范围广，可对各种机器人进行编程，并能方便地实现优化编程。

④便于和 CAD/CAM 系统结合，做到 CAD/CAM/ROBOTICS 一体化。

⑤可使用高级计算机编程语言对复杂任务进行编程。

⑥便于修改机器人程序。

示教编程与离线编程的比较，如表 5-12 所示。

表 5-12　示教编程与离线编程的比较

示教编程	离线编程
需要实际机器人系统的工作环境	需要机器人系统的工作环境的图形模型
编程时机器人停止工作	编程时不影响机器人工作
在实际系统上试验程序	通过仿真试验程序
编程的质量取决于编程者的经验	可用 CAD 方法进行最佳轨迹规划
难以实现复杂的机器人运行轨迹	可实现复杂运行轨迹的编程

随着智能制造的推进，企业通过建立工厂的虚拟数字模型来进行生产线规划、生产过程可视化管理，这些方式促进了机器人离线编程，因为机器人离线编程的第一步便是建立机器人系统的三维虚拟环境。借助智能制造的东风，机器人离线编程也将取得进一步的进展。

（2）工业机器人离线编程系统的组成

1）离线编程主要流程。机器人离线编程系统不仅要在计算机上建立起机器人系统的物理模型，而且要对其进行编程和动画仿真，以及对编程结果后置处理。首先建立待加工产品的 CAD 模型，以及机器人和产品之间的几何位置关系，然后根据特定的工艺进行轨迹规划和离线编程仿真，确认无误后输入到机器人控制器中执行。

机器人离线编程从狭义上指通过三维模型生成 NC 程序的过程，在概念上与数控加工离线编程类似，都必须经过标定、路径规划运动仿真、后置处理几个步骤，如图 5-36 所示。

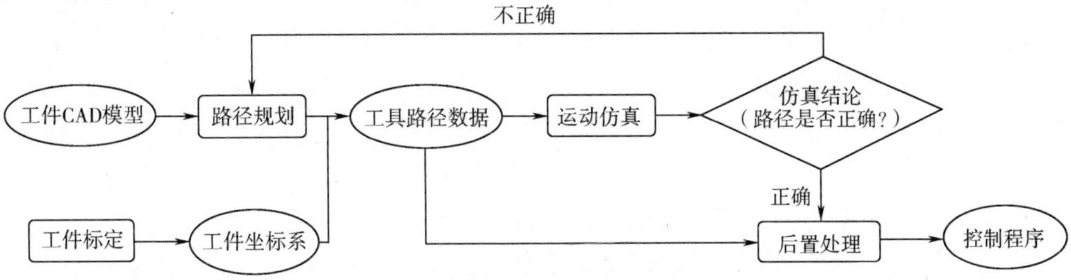

图 5-36　离线编程流程图

一般而言，机器人离线编程可针对单个机器人或流水线上多个机器人进行。针对单个机器人工作单元的编程称为单元编程，针对流水线上多个机器人工作单元的编程称为流水线编程。本质上，流水线编程是由单元编程组成的，但是需要注意在各单元编程时设置好节拍。

2）离线编程系统的组成。机器人离线编程系统主要包括操作界面、三维模型、运动学模型、轨迹规划算法、运动仿真、后置处理器、数据通信接口和机器人误差补偿，如图 5-37 所示。

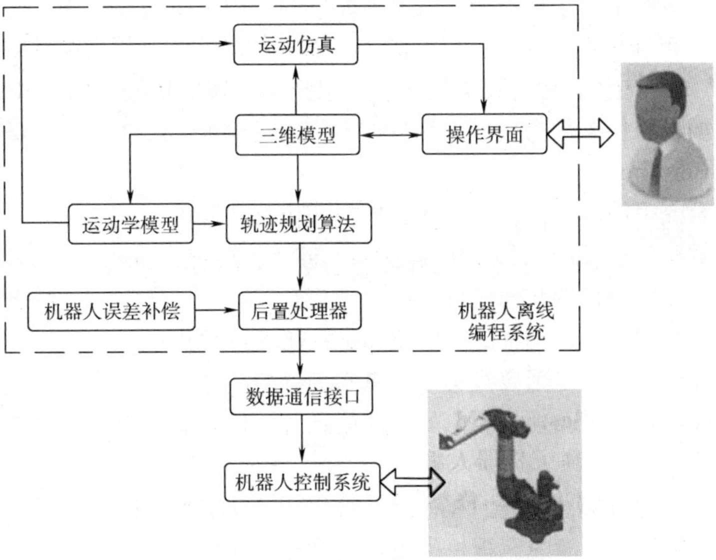

图 5-37　机器人离线编程系统组成

①操作界面。操作界面作为人机交互的唯一途径，必须支持必要参数的设定，同时将路径信息与仿真信息直观地显示给编程人员。

②三维模型。三维模型是离线编程不可或缺的，路径规划和仿真都依托于已构建的机器人、工件、夹具及工具的三维模型，所以离线编程系统通常需要 CAD 系统的支持。目前的离线编程软件在 CAD 的集成模式上可分为三种：包含 CAD 功能的独立软件，支持 CAD 文件导入的独立软件，集成于 CAD 平台的功能模块。

③运动学模型。运动学模型通常指机器人的正逆运动学计算模型，一般要求与机器人控制系统采用同样的算法，主要用于运动仿真的关节角度计算，以及用于后置处理中生成直接控制关节运动量的快速运动。

④轨迹规划算法。轨迹规划算法包括离线编程软件对工具运动路径的规划及控制系统对 TCP 运动的规划。前者与工艺相关，由编程人员确定；后者与控制系统中轨迹插值和速度规划算法有关，不同厂家的控制系统路径规划算法差异很大。

⑤运动仿真。运动仿真是检验轨迹合法性的必要过程和重要依据，编程人员需要根据仿真检查路径的正确性，及时避免刚体间的碰撞干涉。

⑥数据通信接口。数据通信接口是指离线编程系统与机器人控制系统进行数据交换的方式。常见的数据交换方式有：通过网线、USB 接口、CF 卡等。

⑦机器人误差补偿。由于机器人连杆制造和装配的误差，以及刚度不足、环境温度变化等因素的影响，机器人的定位精度通常要比机床低很多，如 ABBIRB2400 的定位精度为±1mm，这可以通过标定误差、修正 NC 指令等措施予以改善。

(3) 离线编程现状及趋势

1）机器人离线编程现状。机器人离线编程在国外的研究起步较早，而且已经拥有商品化的离线编程系统，像 Robot Master 是行业领导者，最具通用性；Siemens 的 Robcad 在汽车生产领域占有统治地位；四大机器人家族的专用离线编程软件占据了中国机器人产业 70%以上的市场份额，并且几乎垄断了机器人制造、焊接等高端领域。

2）机器人编程趋势。随着视觉技术、传感技术、智能控制、网络和信息技术以及大数据等技术的发展，未来的机器人编程技术将会发生根本的变革，主要表现在以下几个方面：

①编程将会变得简单、快速、可视、模拟和仿真立等可见。

②基于视觉、传感、信息和大数据技术，感知、辨识、重构环境和工件等的 CAD 模型，自动获取加工路径的几何信息。

③基于互联网技术实现编程的网络化、远程化、可视化。

④基于增强现实技术实现离线编程和真实场景的互动。

⑤根据离线编程技术和现场获取的几何信息自主规划加工路径、焊接参数并进行仿真确认。

总之，在不远的将来，传统的在线示教编程将只在很少的场合得到应用，比如空间探索、水下、核电等，而离线编程技术将会得到进一步发展，并与 CAD/CAM、视觉技术、传感技术，互联网、大数据、增强现实等技术深度融合，自动感知、辨识和重构工件和加工路径等，实现路径的自主规划，自动纠偏和自适应环境。

(4) 离线编程软件

常用离线编程软件可分为通用离线编程软件与厂家专用离线编程软件。通用离线编程软件厂商有：Robot Master、Robot Works、Robot CAD、DELMIA、Robot Move、Robot Art 等。厂家专用离线编程软件厂商有：ABB 的 RobotSudio、华数的 Inte Robot、发那科的 Robot Guide、库卡的 KUKA Sim、安川的 Moto Sim 等。

Inte Robot 是由华数机器人推出的一款具备完全自主知识产权、较贴近工业市场应用的国产离线编程与仿真软件。Inte Robot 支持华数 ABB、KUKA、安川、川崎等国内外各种品牌和型号的工业机器人，具备机器人库管理、工具库管理、加工方式选择、加工路径规划、运动学求解、控制参数设置、防碰撞和干涉检查、运动学仿真等离线编程基本功能。最大特色是与应用领域的工艺知识深度融合，可解决机器人应用领域扩大和任务复杂程度增加的迫切难题，可广泛应用于 3C 产品金属部件、航空航天零件、汽车覆盖件、激光焊接与切割、模具制造、五金零件、喷涂、多轴加工、石材和板材加工等专业领域。

Inte Robot 离线编程主要具有以下功能及特色：

1）快速编程、精准实现。相对于传统的手动示教编程来说，Inte Robot 离线编程软件是直接针对三维模型进行编程和仿真的，它直接在计算机虚拟环境下对机器人和工作场景进行标定，通过开发的多种轨迹规划方法规划出机器人加工路径，经过虚拟仿真和碰撞干涉检查之后，输出的程序能够直接运行于实际工业机器人中，整个过程在办公电脑上完成，无须中断生产，编程快、精度高，且没有安全隐患。

2）支持多品牌工业机器人。支持国内外主流品牌机器人，如华数、ABB、UKA、安川、川崎等品牌，机器人库已提供系列型号机器人，也支持自定义，可以扩展任意型号的机器人。

3）专业化工艺软件包。离线编程软件深度融合智能制造领域工艺知识，可针对打磨、焊接、喷涂等行业，提供专业的工艺参数设置和相关轨迹编程方法，可自适应生成包含工艺特性的机器人程序。

4）丰富的轨迹规划方法。轨迹规划提供手动、自动、外部等方法，可适应国内各行业人员的编程习惯。离线编程规划的轨迹程序还可支持多外部轴联动控制，包括单变位机、双变位机以及混合控制。

5）高效的程序点校验和修调方法。在打磨、焊接、喷涂等实际项目中，离线编程的程序点的校验和修调不可避免。Inte Robot 基于大量的实际应用经验，开发了机器人点位随动、框选批量删除、笛卡儿各坐标批量修调、位置定向偏置等系列功能，能够高效地校验和修调不满足要求的程序点。

6）智能的轨迹优化方法。Inte Robot 离线编程软件提供轨迹智能分析工具，能够根据加工轨迹的变化及工艺要求识别出工件表面的特征线和特征点，进而实现机器人程序的速度、加速度规划，针对华数机器人还可以设置 CP、SP、AI 等高级过渡参数。

任务实施

（1）喷涂工艺分析

本例选择花瓶作为加工对象，使用的机器人型号为 HSR-JR605，该机器人控制器配备的是华数机器人控制器。为了使机器人能够一次加工到工件的大部分表面，在工件端安装轴线为 Z 方向的旋转变位机，使花瓶绕 Z 轴旋转。

现场的喷涂要求包括：

1）利用喷涂机器人对花瓶进行喷涂，要求对所有外侧可见面均匀喷涂。

2）喷涂时，为了保证工件表面均匀，喷枪距工件表面的距离控制在（150±20）mm。

3）在空行程中，要求喷雾关闭，避免浪费。

（2）喷涂操作步骤

1）工作站搭建。

①机器人导入。首先从机器人库导入机器人，也可根据实际需求新建机器人导入，如图 5-38、图 5-39 所示，本次选择 HSR605 机器人。

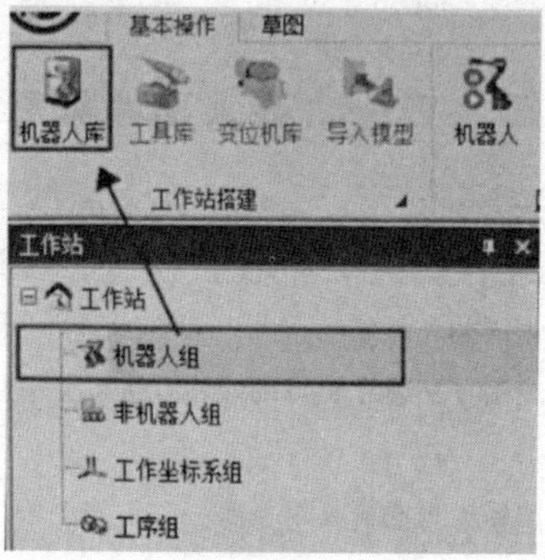

图 5-38　机器人库激活

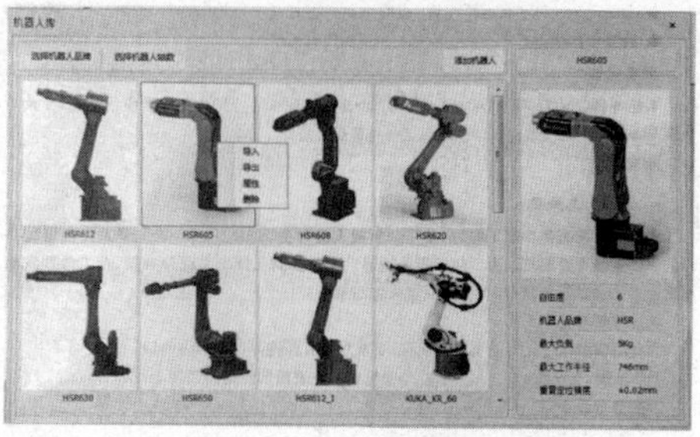

图 5-39　机器人导入

②新建工具。单击导入的机器人节点，工具库功能被激活，如图 5-40 所示，单击“工具库”，进行工具的新建。导入工具后，设置工具 TCP 的位姿，本案例所用 TCP 坐标为（-35，0，129，0，-180，0），单击“保存 TCP”→“激活 TCP”→“确定”按钮，完成工具新建，如图 5-41 所示。返回工具库界面，选中新建的工具，单击“导入”→“确定”。

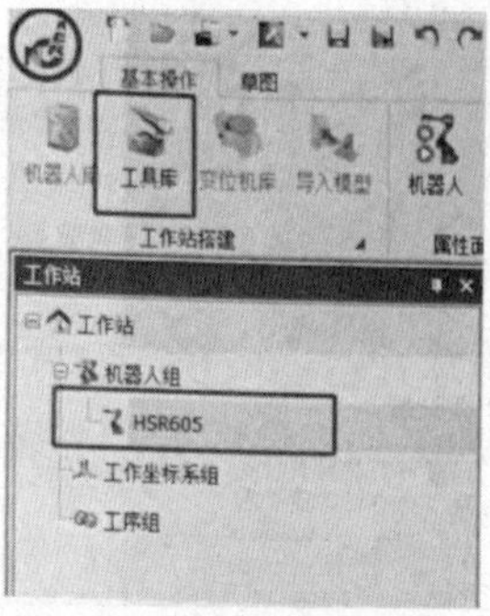

图 5-40　工具库激活

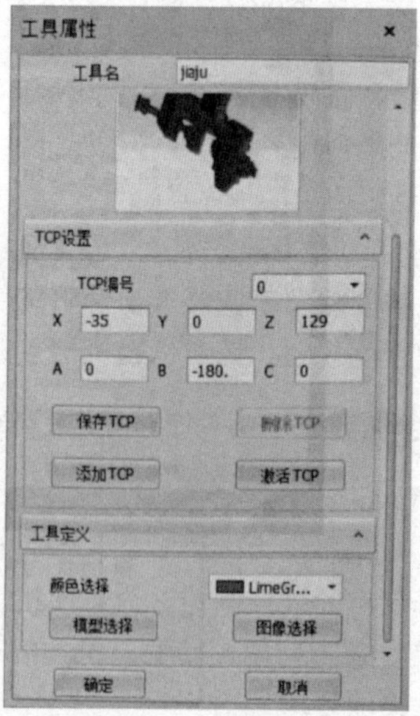

图 5-41　工具新建

③修改 TCP 设置。工具导入完成后，若需要修改 TCP 位置，可以进入“工具属性”界面，右击选择“属性”选项，如图 5-42 所示，修改 TCP 的参数，然后单击“保存 TCP”→“激活 TCP”后，修改的 TCP 被激活。

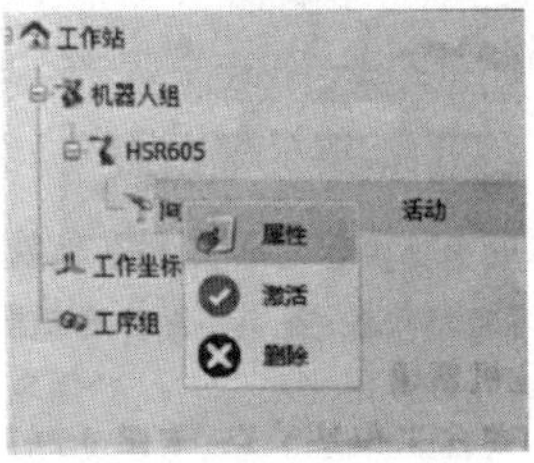

图 5-42　修改 TCP 参数

离线程序需应用于实际加工时，需要用 4 点标定法对工具 TCP 进行标定，获取实际 TCP 位姿；用户每次修改 TCP 参数后，需要单击“激活 TCP 按钮”，激活 TCP。

2）工作环境搭建。

①工件导入。

a. 切换至工作场景，单击工件组，导入模型功能激活。也可右键单击工件组节点，选择“导入模型”选项，如图 5-43 所示。

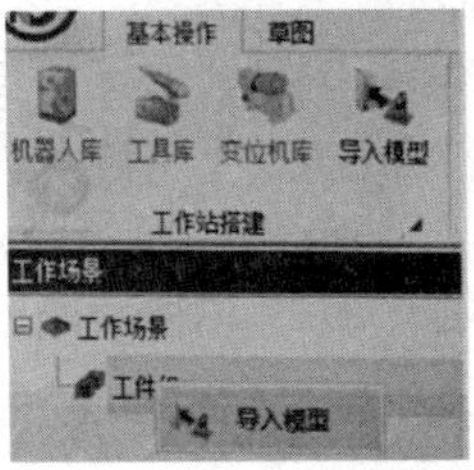

图 5-43　导入模型功能

b. 单击“选择模型”，进行模型的加载导入，设置模型的位置参数，单击“确定”完成导入。工件导入后，工件的建模坐标默认与世界坐标系重合（即机器人安装底座处的坐标系），因为在工件导入前，已用 UG 软件对工件的建模坐标按布局的位置进行了偏离，因此导入后，工件的位置 *X*、*Y*、*Z* 设为 0 即可，如图 5-44 所示。

c. 工件导入完毕后，若程序需要应用于实际加工，需要对工件进行标定，获取工件实际位置，如图 5-45 所示。

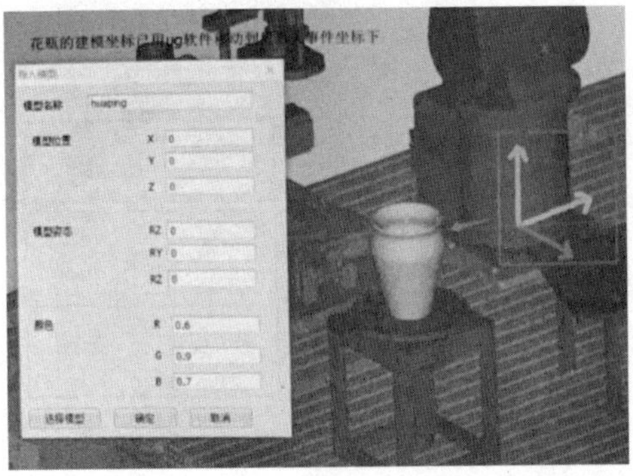
图 5-44　选择模型导入与参数设置

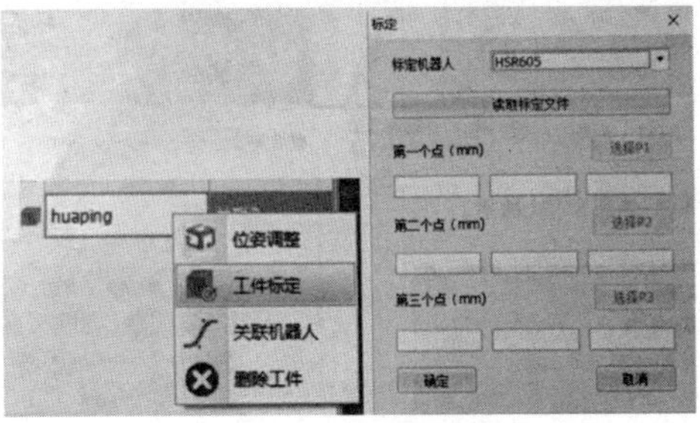

图 5-45　工件标定

注：读取标定文件后，选择 P1、P2、P3 时，需要对应实际标定的三个点。

②变位机新建。

a. 右键单击工作站节点，如图 5-46 所示，选择右键菜单中的“新建变位机组”选项，工作站添加变位机组。

b. 单击“新建”按钮，进入“变位机新建”界面，依次选择“变位机预览图”→“变位机模型”。注意变位机的模型需要拆为 Base 和 Axis 两部分，分别导入。变位机的导入位置的原理与上述工件导入的原理一致，可先把变位机整体模型的建模坐标根据实际布局做好偏移，然后分成两部分导入，导入的变位机模型则不会发生位置有偏差的现象。

c. 设置变位机模型参数：Base 建模参数决定变位机建模坐标相对于世界坐标系的位置，修改该参数会改变变位机的位置，由于本变位机的建模坐标已在 UG 软件做好了偏移，因此 Base 坐标为（0，0，0）即可。Axis 建模参数决定变位机转轴的位置，本案例需要变位机绕世界坐标系的 Z 轴转动，则该参数是定义 Z 轴相对于变位机的建模坐标的绝对位置，因为 Base 的建模坐标放置于（0，0，0）处，与世界坐标系重合，此 Axis 的参数为转轴相对于 Base 建模坐标的位置；Axis 的参数是绝对的，即使改变 Base 的模型参数，Axis 相对于 Base 建模坐标的位置不发生改变。Axis 建模参数原理如图 5-47 所示。

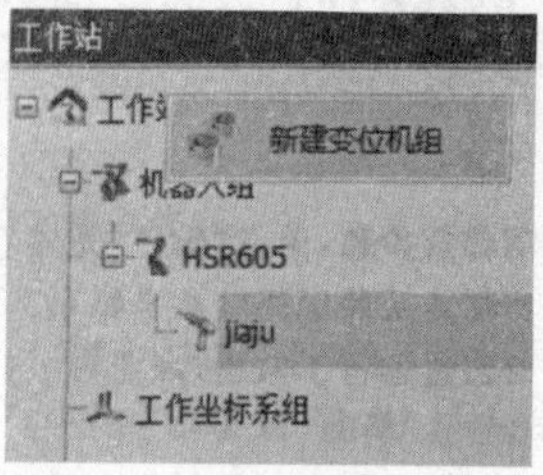

图 5-46　新建变位机节点添加

d. 设置变位机运动参数：此参数决定的是变位机转轴的方向，即绕世界坐标系的哪条轴旋转，-180°～180°是转轴的运动范围，“初始位置”定义的是旋转轴的初始位置。“变位机编辑”对话框如图 5-48 所示。

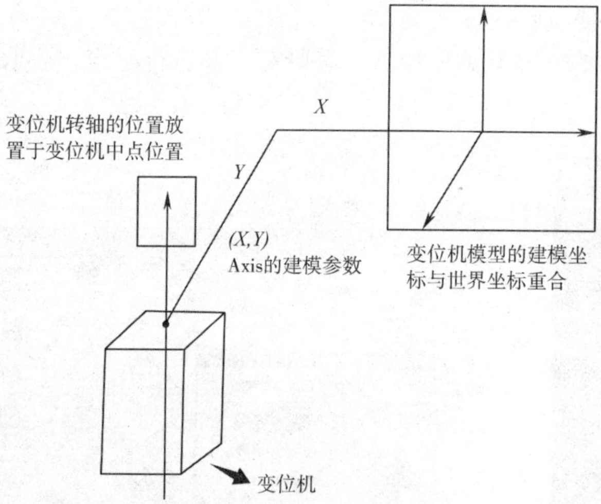

图 5-47　Axis 建模参数原理

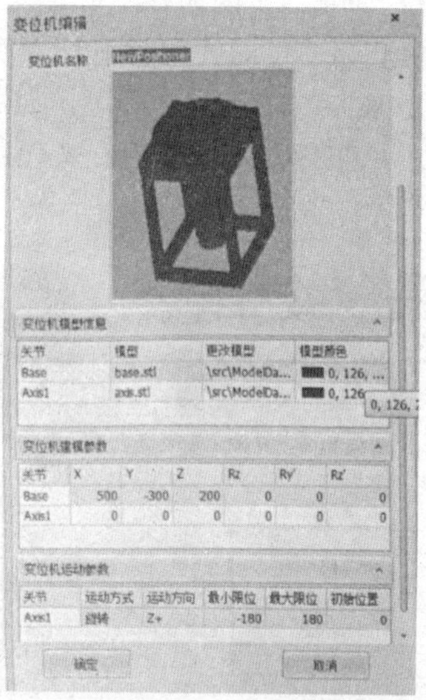

图 5-48　变位机编辑对话框

e. 单击“确定”按钮完成变位机参数的编辑，返回“变位机库”界面，选中变位机，单击“导入”按钮即可。

注：工件导入时，工件的建模坐标默认与软件世界坐标重合，因此工件的建模坐标在建模时要注意放在合适的位置，避免不必要的麻烦。

3）创建操作。右键单击工序组节点，选择“创建操作”选项，进入该界面，如图 5-49 所示，选择操作类型、加工方式、工具、工件。默认是第一个被导入的工件，因此需注意选择本次需要被加工的工件，以免影响后面的操作。

4）路径添加。

① 右键单击操作1节点，选择路径添加。

② 弹出“路径添加”界面后，选择“自动路径”，单击“添加”按钮，如图5-50所示，进入“自动路径”界面。

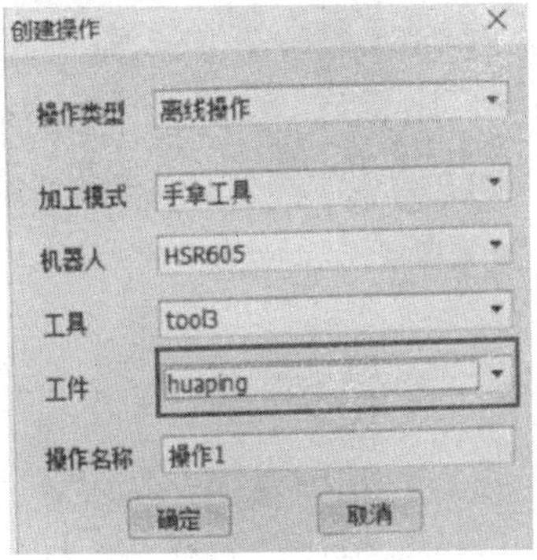

图5-49　创建操作

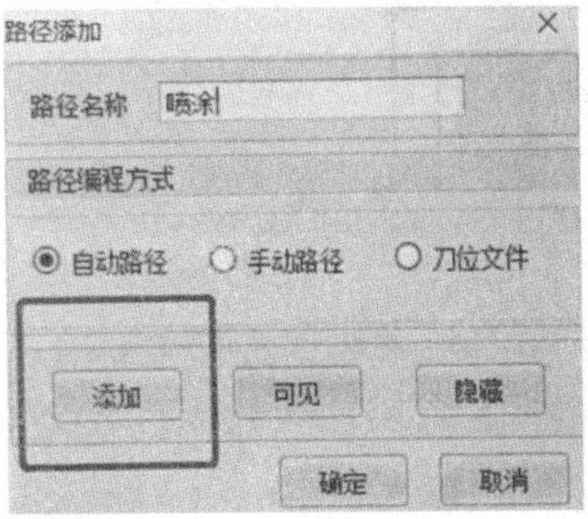

图5-50　路径添加

③ 驱动元素选择“线”，单击左下角“+”号，添加“象”。

④ 选择“等参数线”方式，按如图5-51、图5-52所示依次添加等参数线。第5、6条参数线的生成与3、4参数线的一样，参数改为0.5即可。

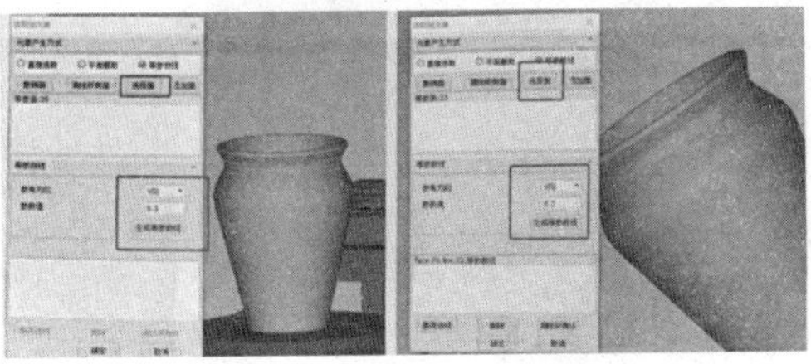

图5-51　第1、2等参数线

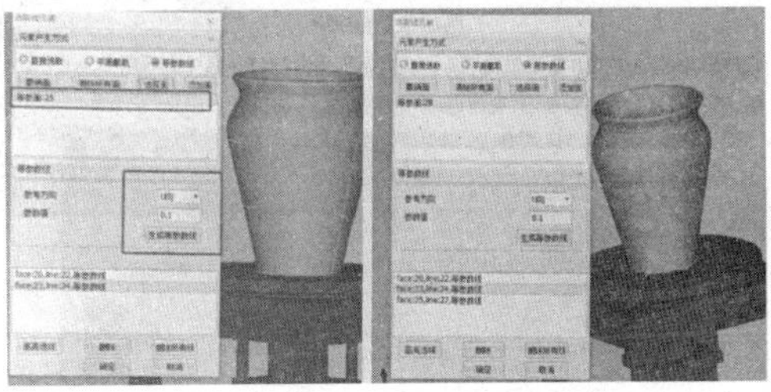

图5-52　第3、4等参数线

⑤ 单击“确定”按钮，返回“自动路径”对话框；单击任意对象后，单击“全选”，选中全部对象，如图5-53所示。

⑥ 单击“曲面外侧选择”后的“选择”按钮，依次选择材料的外侧方向。

⑦ 单击“方向选择”后的“设置”按钮，选择加工的方向。在选择时，要注意方向的连贯性，如图5-54、图5-55所示，1号对象选择的是逆时针，则其他对象的方向也应保持逆时针，这样选择能保持每个对象首尾相连，防止机器人与花瓶发生碰撞。

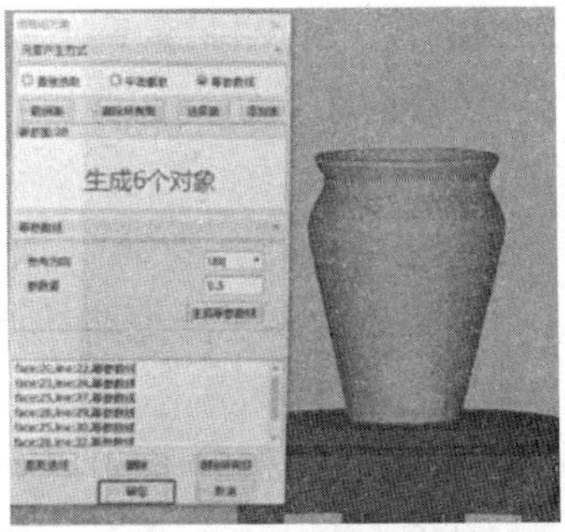

图5-53　对象生成

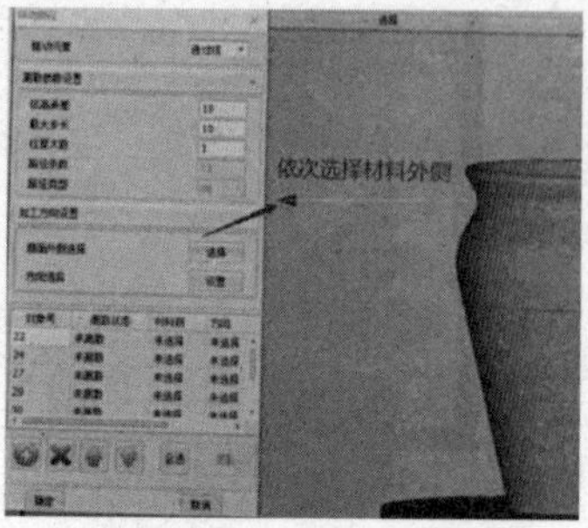

图 5-54　材料外侧选择

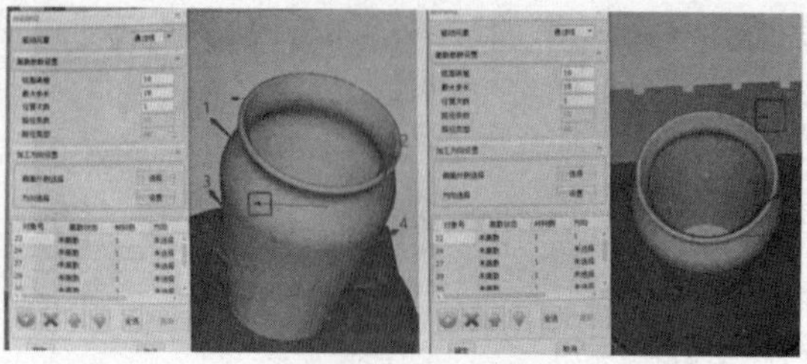

图 5-55　方向选择

⑧ 加工方向与离散参数设置完毕后，全选对象，单击“离散”则可生成路径点，如图 5-56 所示。

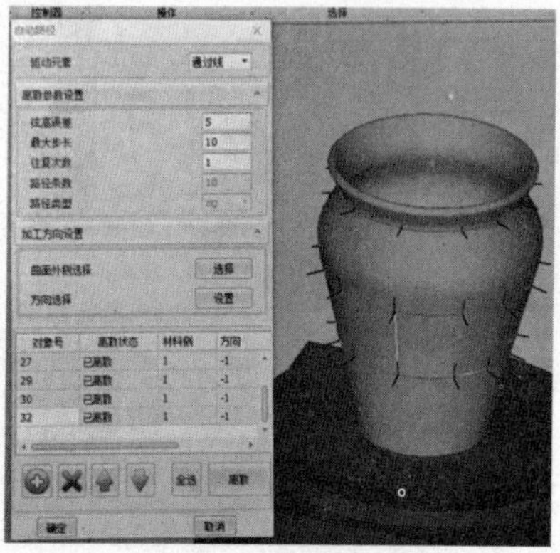

图 5-56　离散点

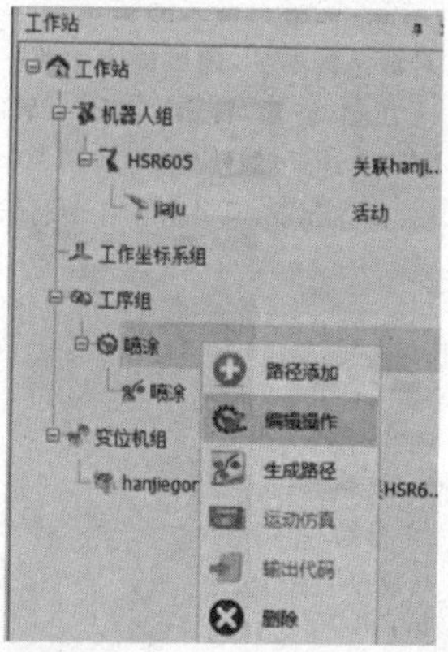

图 5-57　编辑操作

5）编辑操作。

①右键单击喷涂节点，选择右键菜单的“编辑操作”选项，如图 5-57 所示。

②喷涂时，喷嘴应该离开花瓶一定距离，因此，需要把轨迹点往外进行偏离。如图 5-58 所示，在“批量调节”栏输入 1～39，回车，选中所有点；设置“压力值”为“-20”，按回车，使全部点往外偏离 20mm（除了调压力值这种方法，可以通过调整工具 TCP 参数，使 TCP 偏离喷嘴一定值）。

③勾选“机器人随动”，拾取点，观察机器人的姿态是否合理。若机器人发生干涉，则调整点的姿态。把路径点的副刀轴反转 180°，即可解决干涉问题。

④如图 5-59 所示，选中全部点，设置“转轴”为“*Z*”，“转角”为“180°”，单击“同目标点”按钮，所有点均会绕自己的 *Z* 轴翻转 180°，翻转后，点的副刀轴朝下。

⑤点姿态调整后，机器人姿态合理，不发生干涉。

⑥返回主界面，右键单击变位机节点，选择右键菜单的“关联”选项，进入界面后，如图 5-60 所示，关联机器人和工件。

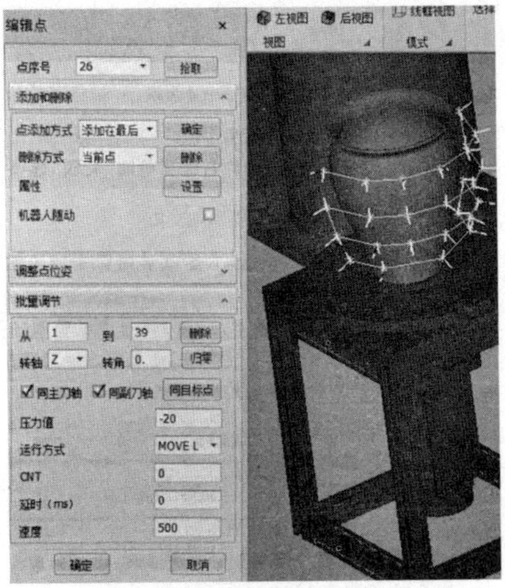

图 5-58　调整压力值

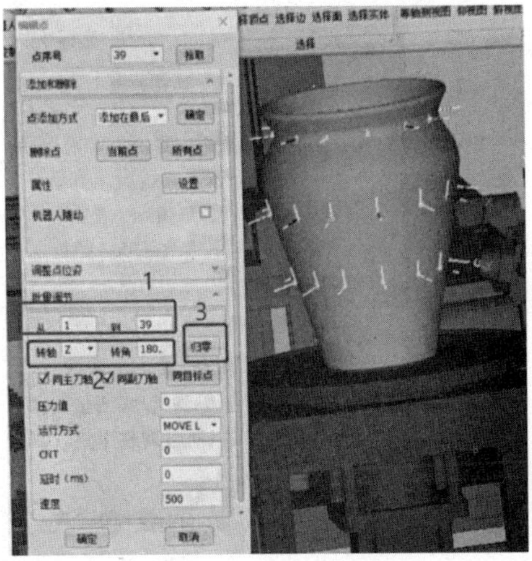

图 5-59　调整路径点姿态

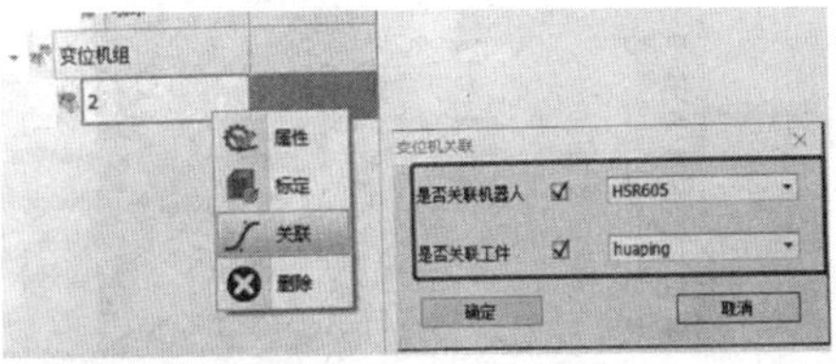

图 5-60　变位机关联

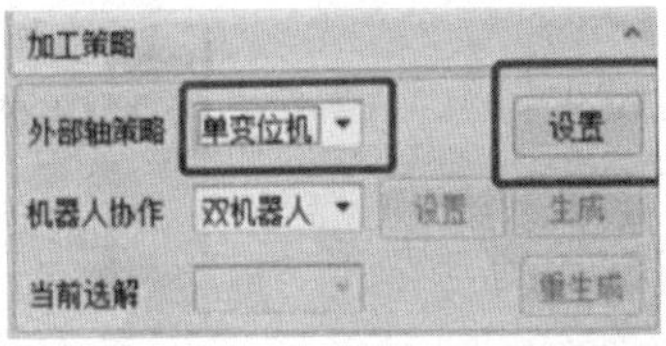

图 5-61　设置变位机加工策略

⑦进入编辑操作界面。选择“外部轴策略”为“单变位机”策略，单击“设置”按钮，如图 5-61 所示。

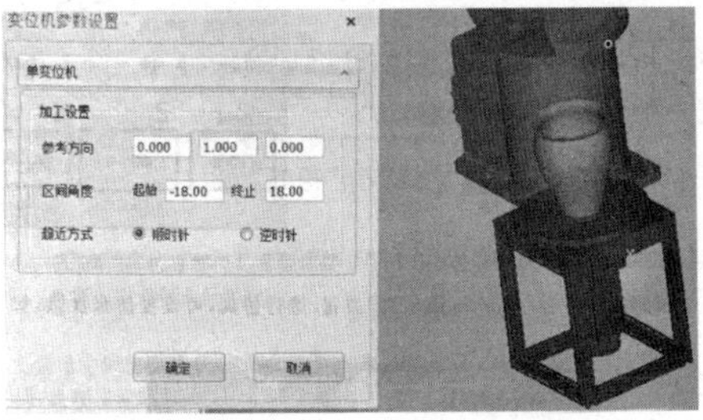

图 5-62　变位机参数设置

⑧设置变位机加工参数。加工方向决定了加工时工具 TCP 主刀轴相对于世界坐标系的主要方向，通常设为机器人姿态合理且变换简单的姿态。如图 5-62 所示，机器人处于该姿态是比较合理的，且变换为该姿态比较简单，因此选择这个姿态下的主刀轴方向作为加工方向，该方向与世界坐标系 Y 轴的正方向重合，因此把参考方向设为（0，1，0）。

⑨角度决定加工时主刀轴与参考方向的夹角变化范围。夹角范围越小，在加工过程中，机器人主刀轴的方向变化越小。

⑩趋近方式的原理如图 5-63 所示，花瓶上某路径点的主刀轴方向与参考方向夹角大于区间角度（本案例区间角度设为-18°～18°），因此变位机需要转动，使该主刀轴的方向转到与参考方向间的夹角为-18°或 18°时，机器人开始进行喷涂。

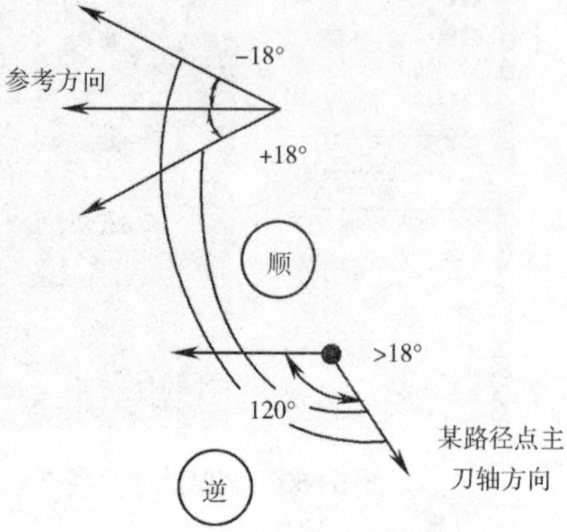

图 5-63　趋近方式

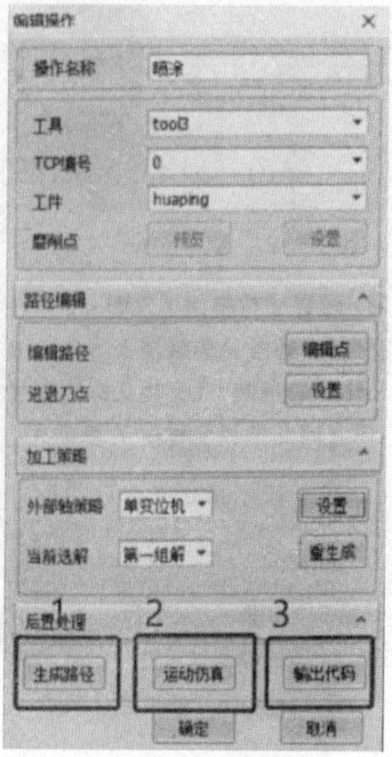

图 5-64　后置处理

假设主刀轴与参考方向夹角为 120°，如图 5-64 所示，如果选择的是逆时针方式，变位机把路径点的主刀轴转到与参考方向夹角为-18°时，机器人开始加工该点，顺时针方式则是变位机把路径点的主刀轴转到与参考方向夹角为 18°时，机器人开始加工该点。

顺时针方式是就近原则，变位机若把该路径点参考方向转到-18°时，转动的角度更小，则在-18°时机器人便开始加工。若转到 18°时，变位机转动角度更小，则是把路径点转到 18°时，便开始加工。同理，逆时针方式则是就远原则。

6）生成路径与代码输出。

①变位机参数设置完毕后，单击“确定”按钮返回“编辑操作”界面，单击“后置处理”栏的“生成路径”按钮，完成路径生成，如图 5-64 所示。

②生成路径成功后，单击“运动仿真”按钮，进行仿真，可设置仿真次数，如图 5-65 所示。

③检查仿真无误后，单击“输出代码”按钮选择控制代码类型与保存路径后，单击“输出控制代码”即可，如图 5-66 所示。

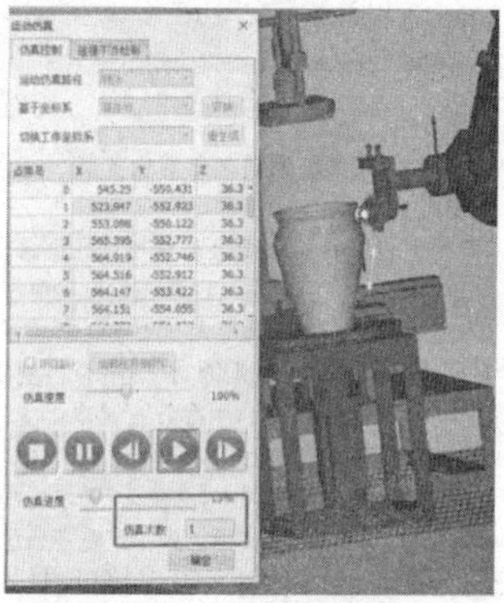

图 5-65　运动仿真

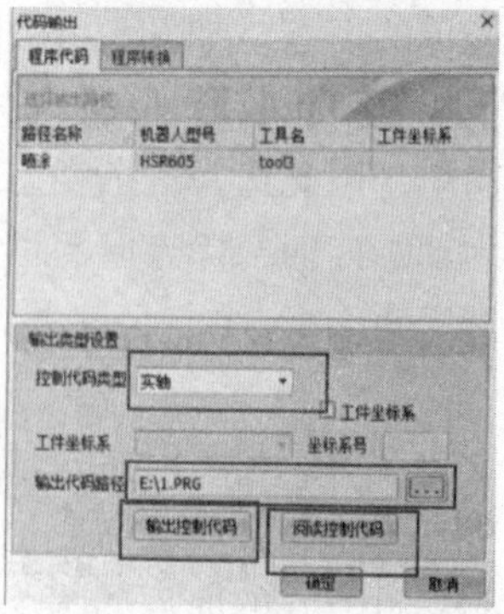

图 5-66　代码输出

实操评价

工业机器人离线编程与应用操作评价，如表 5-13 所示。

表 5-13　　工业机器人离线编程与应用操作评价表

项目	项目 5	任务			指导教师	
班级		学号	姓名		成绩	
序号	评价项目	考核要点	配分	评分标准	扣分	得分
1	基本概念	离线编程的含义及原理	10	每项 2 分		
		离线编程与示教编程的比较	10			
		离线编程的发展趋势	10			
2	软件操作	用 Inte Robot 软件进行示教操作	10			
		用 Inte Robot 软件进行离线操作	10			
3	编程应用	喷涂工艺分析	10			
		生成加工路径	20			
		仿真与代码生成	20			
4	安全文明生产	1. 安全正确操作设备，做好事故防范措施 2. 维护实验场地整洁	每违反一项从总分扣 2 分；扣分不超过 10 分			
合计			100			

自测题

（1）与示教编程相比，离线编程有什么优点？

（2）Inte Robot 离线编程具有哪些功能及特色？

（3）离线编程的操作过程包括哪些？

项目6 智能生产线编程

学习目标

1. 知识目标

(1) 掌握总控编程程序流程。

(2) 能够设计码垛机编程。

(3) 能够设计机器人自动搬运程序。

2. 技能目标

(1) 了解总控编程。

(2) 了解码垛机编程。

(3) 设计一个能稳定运行的工业机器人自动搬运程序。

3. 素质目标

(1) 提高与人沟通交流的能力。

(2) 提高查阅图纸资料、搜集相关知识信息的能力。

任务6.1 总控编程

学习目标

1. 知识目标

了解总控编程。

2. 技能目标

了解总控编程程序流程。

3. 素质目标

(1) 提高与人沟通交流的能力。

(2) 提高查阅图纸资料、搜集相关知识信息的能力。

任务描述

该生产线由码垛机器人、码垛机器人控制柜、立体仓库、AGV小车、磁条、托盘流水线、智能相机、托盘回收仓、装配流水线、工业机器人、机器人控制柜和主控柜等组成，如图6-1所示。

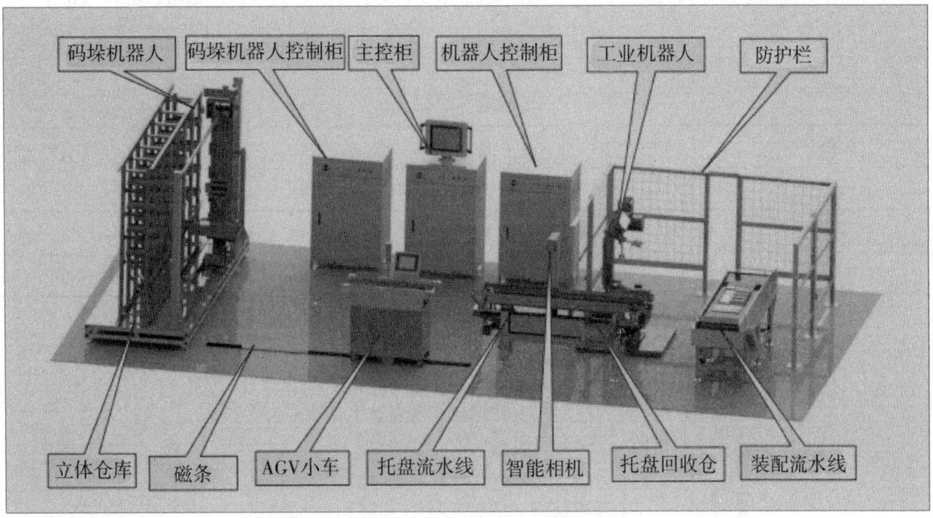

图6-1　工业机器人技术应用平台

该设备主要分为四部分：码垛机器人、视觉控制器、工业机器人、总控 PLC。

码垛机器人的功能是从立体仓库中取出物料并将其放在 AGV 小车上。

视觉控制器的功能是将运送过来的物件通过拍照与建立的标准模板对比，识别出物料的相对移动位置，包括水平相对距离、旋转角度、类型和高度，最后将其数据传给总控 PLC 进行数据处理。

工业机器人的功能是将物料抓取到装配流水线上，根据要求进行装配、放入指定地方等。

总控 PLC 的功能是通过编程将整个设备连接起来，使其自行运转。

(1) 设计要求

1）设置视觉控制器触发方式、Modbus 参数，设置视觉控制器与总控 PLC 的通信。

2）连续对每个托盘内的单一工件进行拍照，获取该工件的形状和位置、角度偏差。利用视觉工具编写相机视觉程序对工件进行学习。规定相机镜头中心为位置零点，智能相机学习的工件角度为零度。

3）编写总控 PLC 中托盘流水线和装配流水线调试模块任务，能够实现装配流水线和托盘流水线的基本运动，包括手动控制托盘流水线启动、停止、正反向运动以及拍照气缸运动，手动控制装配流水线正反向点运动以及回原点运动，手动控制装配作业流水线运动到任意一个工作位置。

4）编写总控 PLC 中视觉系统调试模块任务，能够自动识别相机识别的工位中托盘中工件，并将工件信息包括位置、角度和工件编号等显示在人机界面中。

5）在码垛机器人和工业机器人的程序配合下，实现从仓库到装配流水线和装配流水线到仓库的全过程自动化。

(2) 组态设备网络

组态设备网络就是在组态软件中配置一套与实物型号相同的虚拟设备。这套设备的主控系统由西门子的 PLC、变频器和 HMI 面板组成，其具体型号如表 6-1 所示，组态完成后如图 6-2 所示。

表 6-1　　设备型号

设备	版本	型号
PLC	SIMATIC S7-1200 1214C DC/DC/DC	V4. 1
变频器	SINAMICS G120 CU250S-2 PN Vector	V4. 7
HMI 面板	SIMATIC TP700 精智面板	13. 0. 1. 0

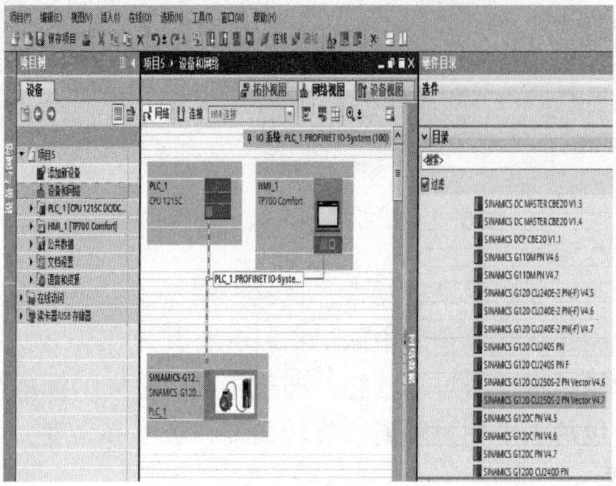

图 6-2　网络组态完成

(3) 程序设计

1) 编程语言方式设计。本书编者的软件设计都是在西门子博途组态软件中进行开发的，在其开发语言的选择上，软件给出了三种，分别是梯形图、SCL 语言和 FBD 语言，这三种编程语言的优缺点都很明显，如表 6-2 所示。而本书编者采用的编程方式为梯形图和 SCL 语言混编的设计方式，在进行流程控制、通信和直接控制 I/O 时采用梯形图编程，进行数据处理、循环逻辑和程序需要跳转的时候采用 SCL 语言编程，将梯形图和 SCL 语言的优点充分发挥了出来，同时使编程的工作量减少了许多，编程的灵活度也提高了不少。

表 6-2　　各编程语言的优缺点

类型	优点	缺点
梯形图	程序直观、编程简单	在进行数据处理、循环逻辑和分支跳转时程序复杂，编程难度大
SCL 语言	具有计算机高级编程语言的一切优点	对于刚入门的学习者，编程比较难
FBD 语言	编程逻辑最为清晰	功能块太多，且用法多变

2) 总体程序流程图设计。本系统的软件设计的流程图如图 6-3 所示。程序运行后

先进行初始化，即将数据清零和I/O复位，在完成这一步后就会对是否按下出库或入库按钮进行识别，如果按下出库按钮就会进入出库程序的模块等待运行；如果按下的是入库按钮则进行入库程序模块等待运行。接下来就会对启动按钮进行判断，启动按钮被按下就会执行相应的程序。码垛机器人每运送一次都会对工位信息进行判断，直到出库程序都运行完毕程序就会停止。

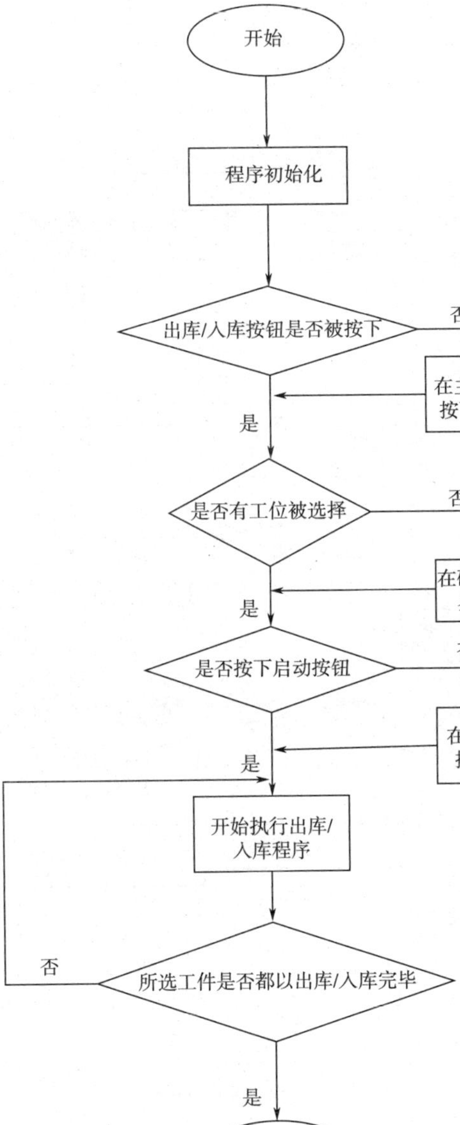

图6-3 总体程序流程图

3）相机程序控制流程图。如图6-4所示是相机的程序控制流程图，程序运行后首先判断“开始按钮”是否按下，如果被按下，则托盘流水线开始转动。托盘沿着流水线运动，当相机光电产生下降沿信号时，总控 PLC 将控制相机气缸，使其升起挡住托盘，同时启动计时器进行计时，当计时器到达设定时间。总控 PLC 控制相机进行拍照识别，直到识别出工件为止，相机识别出工件将进行内部的数据处理，然后将这些数据发给总控 PLC 并返回拍照完成信号。总控 PLC 接收到信号后将控制相机气缸，使其缩回，同时复位计时器。

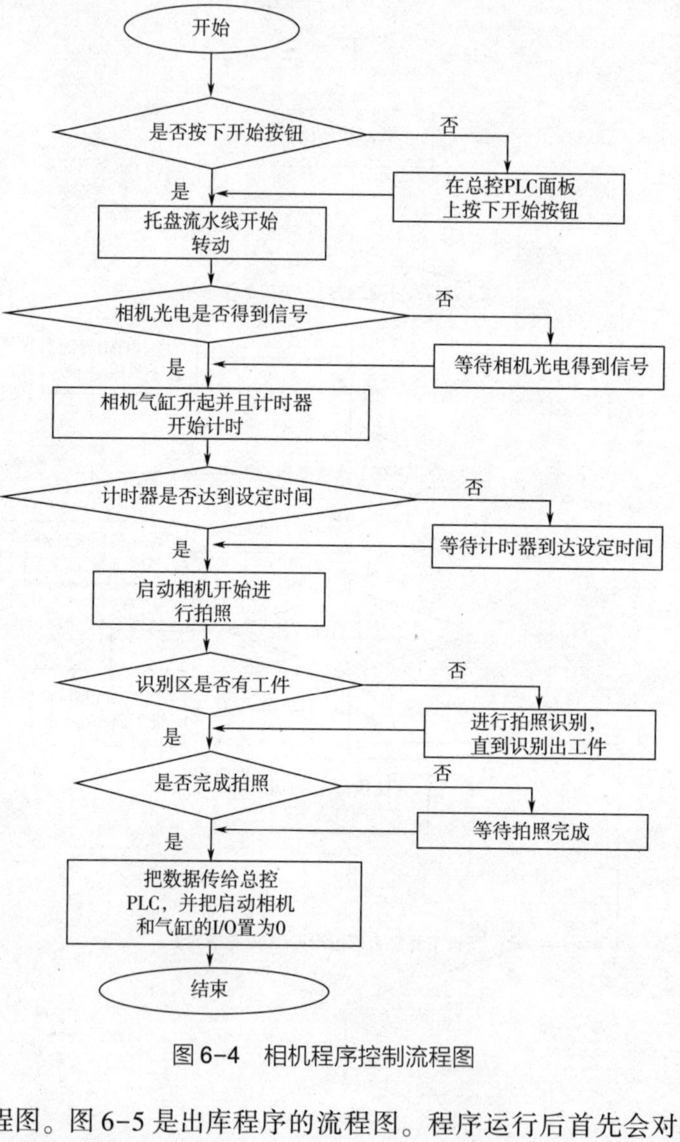

图 6-4　相机程序控制流程图

4）出库流程图。图 6-5 是出库程序的流程图。程序运行后首先会对程序里的 I/O 进行复位和数据块的清零，接下来就会对是否按下“出库按钮”进行判断，如果按下了“出库按钮”，则进行“仓库工位”选择情况的判断，只有当这两个条件都确认的时候才会开始执行下面的程序。

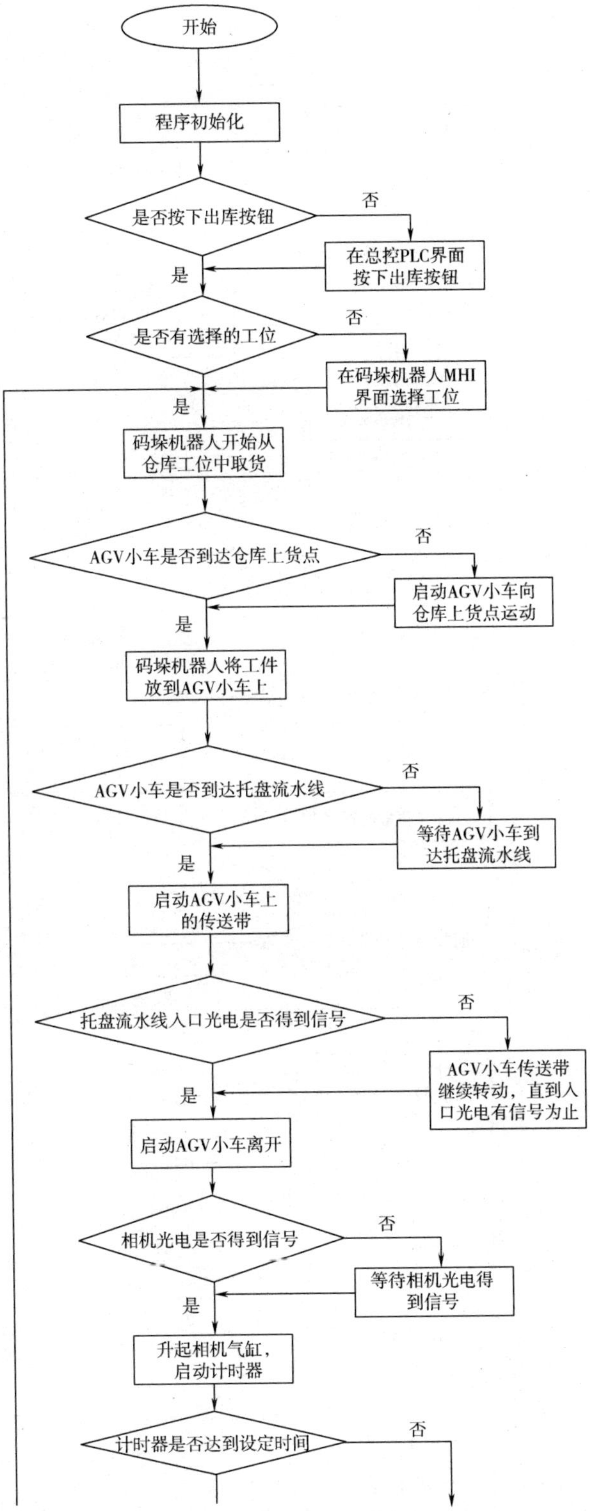
开始
程序初始化
是否按下出库按钮
否
在总控PLC界面按下出库按钮
是
是否有选择的工位
否
在码垛机器人MHI界面选择工位
是
码垛机器人开始从仓库工位中取货
AGV小车是否到达仓库上货点
否
启动AGV小车向仓库上货点运动
是
码垛机器人将工件放到AGV小车上
AGV小车是否到达托盘流水线
否
等待AGV小车到达托盘流水线
是
启动AGV小车上的传送带
托盘流水线入口光电是否得到信号
否
AGV小车传送带继续转动，直到入口光电有信号为止
是
启动AGV小车离开
相机光电是否得到信号
否
等待相机光电得到信号
是
升起相机气缸，启动计时器
计时器是否达到设定时间
否

接下图

续上图

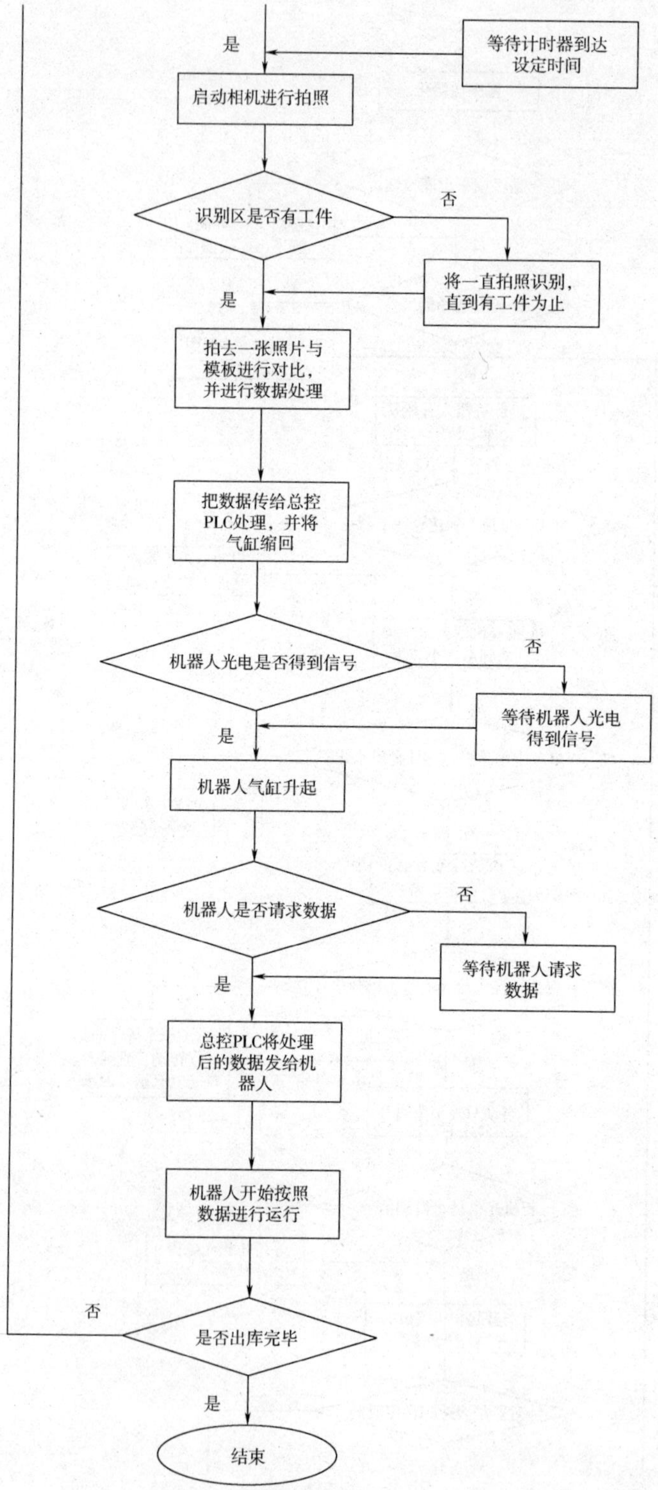

图 6-5　出库流程图

总控 PLC 给码垛机器人发送出库信号，码垛机器人根据自己的出库程序和工位选择情况进行出库，码垛机器人把工件运送到 AGV 小车上货点后就会对 AGV 小车位置进行判断。AGV 小车在仓库的上货点，码垛机器人就会把货物放在 AGV 小车传送带上，并发出信号使 AGV 小车离开；AGV 小车没在仓库的上货点，码垛机将在此等待，同时总控 PLC 会发出信号使 AGV 小车向仓库运动。

AGV 小车接到工件后就会沿着磁条轨道向托盘流水线行驶，这时 AGV 小车就会执行内部程序进行位置的判断，直到行驶到磁条轨道终点才会停止，然后开始转动传送带把工件运送到托盘流水线上。工件沿着托盘流水线前进，当入口光电产生上升沿信号时总控 PLC 就会向 AGV 小车发出信号使其离开。

当相机光电产生下降沿时总控 PLC 就会控制相机气缸使其升起挡住托盘，同时启动计时器进行计时，计时器达到设定时间时就会有输出信号，总控 PLC 利用这输出信号控制相机进行拍照，直到相机向总控 PLC 发出拍照完成信号为止。在向总控 PLC 发送拍照完成信号的同时也会把处理的数据一起发送给总控 PLC，总控 PLC 利用拍照完成信号使相机气缸缩回，同时进行相机数据处理程序。工件继续沿着托盘流水线前进，当机器人光电传感器产生上升沿信号给总控 PLC 时，总控 PLC 利用这信号把机器人气缸升起，同时启动机器人运行程序。

机器人根据自己的状态和程序判断是否向总控 PLC 索取工件数据，如果要的话就根据数据和工件类型对应的程序执行。最后判断是否出库完毕，是则结束；否则就再循环一次。

5）入库流程图。图 6-6 是入库程序流程图。首先进行程序初始化，然后判断是否按下入库按钮，如果被按下则总控 PLC 给机器人发送入库信号，机器人开始按照入库程序把工件从装配流水线抓取到托盘流水线，入库不需要智能相机进行拍照识别，所以没有相机数据处理这一步，接下来直接进行 AGV 小车是否到达托盘流水线，AGV 小车在托盘流水线工件将直接流向 AGV 小车，AGV 小车没在则托盘流水线将停止，总控 PLC 将发送信号使 AGV 小车向流水线运动，当 AGV 小车到达时托盘流水线才会重新运行。工件在 AGV 小车上运动时，AGV 小车入口光电传感器就会产生上升沿，AGV 小车内部程序就会使其离开托盘流水线向码垛机器人运行。

AGV 小车到达码垛机器人这边后就会对码垛机器人是否在入库位置上进行判断，在其位置上码垛机器人开始从 AGV 小车上进行取货并放入指定工位；没有在入库位置就会对码垛机器人位置进行重新判断，码垛机器人在向上货点运动则 AGV 小车等待码垛机器人到达并发出信号，码垛机器人在出库初始位置上则启动码垛机器人向入库初始位置运动。

（4）总控 PLC 相机数据处理设计

1）像素到距离单位的转换。在相机内部程序中图片的所有数据都是以像素为单位进行计算，而在现实生活中都是以厘米、米和千米等为单位，所以在相机传给总控 PLC 的数据中需要进行一个单位的换算才能给机器人用，其中的换算率在相机发给总控 PLC 的数据中，换算的要点是模板的像素与物料的实际尺寸之比，这也是总控 PLC 进行相机数据处理中必不可少的一个数据。具体的转换公式如下：

$$换算率 = 模板像素 / 实际尺寸 \tag{6-1}$$

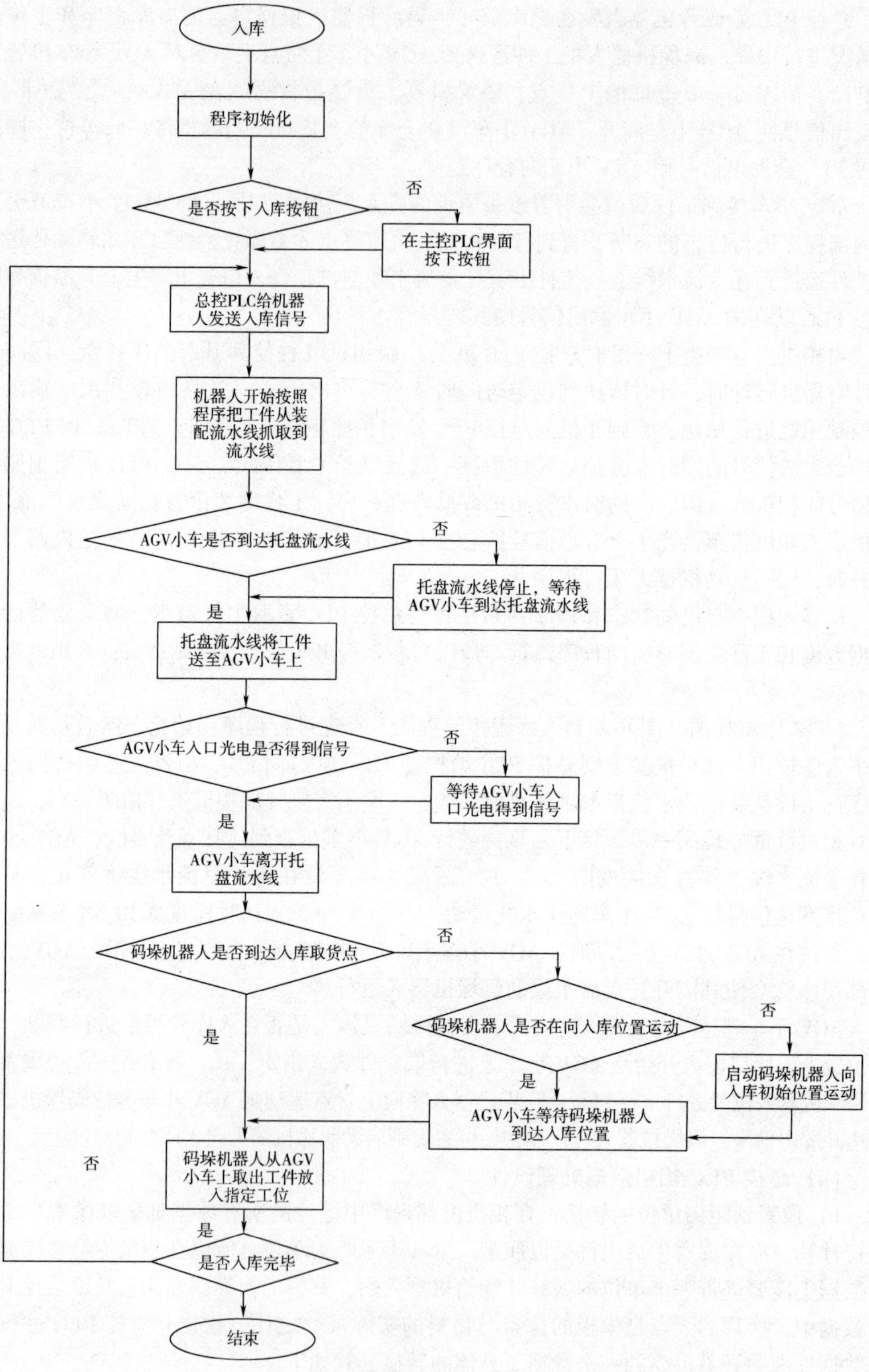
入库
程序初始化
是否按下入库按钮
否
在主控PLC界面按下按钮
总控PLC给机器人发送入库信号
机器人开始按照程序把工件从装配流水线抓取到流水线
AGV小车是否到达托盘流水线
否
托盘流水线停止，等待AGV小车到达托盘流水线
是
托盘流水线将工件送至AGV小车上
AGV小车入口光电是否得到信号
否
等待AGV小车入口光电得到信号
是
AGV小车离开托盘流水线
码垛机器人是否到达入库取货点
否
码垛机器人是否在向入库位置运动
否
启动码垛机器人向入库初始位置运动
是
AGV小车等待码垛机器人到达入库位置
是
码垛机器人从AGV小车上取出工件放入指定工位
否
是
是否入库完毕
结束

图 6-6　入库流程图

2）相机数据处理公式。在前面坐标定义中说过，相机的坐标和机器人的坐标并不是一一对应的，而是相机 X 轴对应机器人的 Y 轴的负轴；相机 Y 轴对应机器人的 X 轴。再加上换算率的存在，所以相机数据处理中坐标转换和单位转换有一个总的公式如下：

$$X_{机器人} = K_{系数}(Y_{相机} - Y_{模板}) \tag{6-2}$$

$$Y_{机器人} = K_{系数}(Y_{相机} - Y_{模板})(-1) \tag{6-3}$$

3）相机数据处理流程图，如图6-7所示。程序开始首先对临时变量进行清零，然后程序就会进入一个循环语句中，接着判断与相机通信的数据块中是否有新的数据产生。如果有，接下来就是用临时变量在这个类型数组中取出角度、X 轴坐标值、Y 轴坐标值、工件类型信息和该类型的换算系数。通过计算公式将其转换成以机器人坐标系为基准，mm为单位的数据。最后将这些转换好了的数据按先后顺序存入另一个数据块的数组中。如果没有则循环体将进一并继续判断数据块中下一个数组是否有新数据产生，直到不满足循环条件为止。

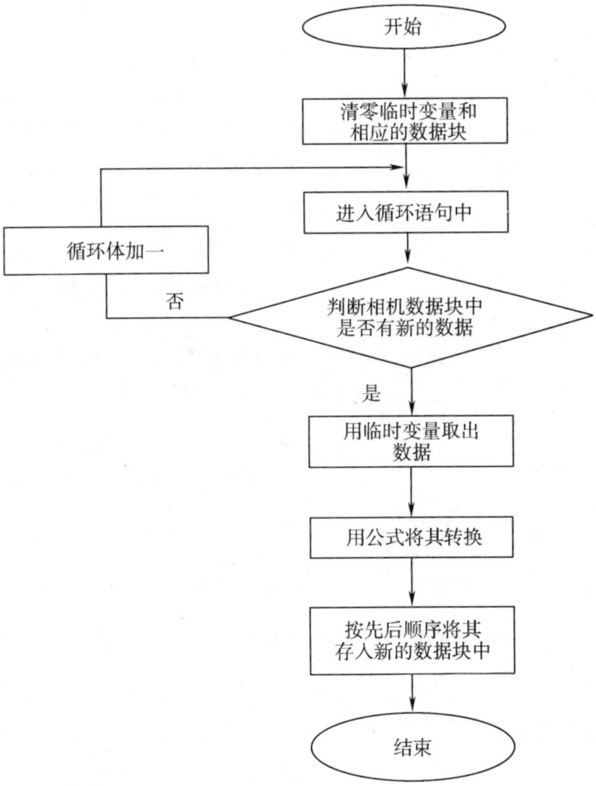

图6-7 相机数据处理流程图

（5）Modbus 指令参数配置

1）客户端指令参数配置。在博途组态软件中客户端的指令模块如图6-8所示，端口定义如表6-3所示。

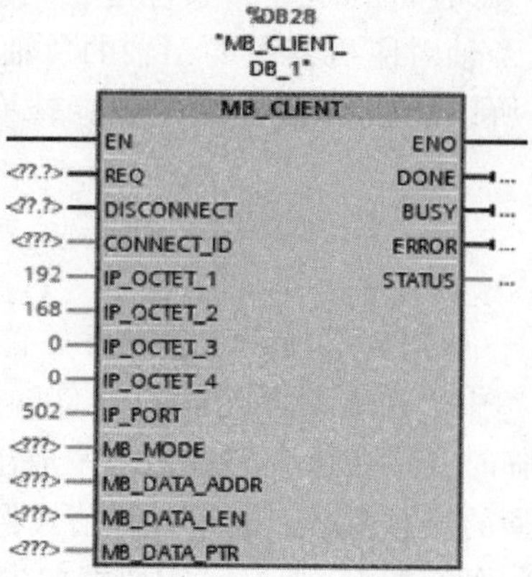

图 6-8　客户端通信模块

表 6-3　　客户端通信模块端口定义

参数	声明	数据类型	说明
REQ	Input	BOOL	与 Modbus TCP 服务器之间的通信请求 REQ 参数受到等级控制。这意味着只要设置了输入（REQ=true），指令就会发送通信请求，其他客户端背景数据块的通信请求被阻止。在服务器进行响应或输出错误消息之前，对输入参数的更改不会生效。如果在请求期间再次设置了参数 REQ，此后将不会进行任何其他传输
DISCONNECT	Input	BOOL	通过该参数，可以控制与 Modbus 服务器建立和终止连接：0：建立与指定 IP 地址和端口号的通信连接。1：断开通信连接。在终止连接的过程中，不执行任何其他功能。成功终止连接后，STATUS 参数将输出值 7003。而如果在建立连接的过程中设置了参数 REQ，将立即发送请求
CONNECT_ ID	Input	UINT	确定连接的唯一 ID。指令“MB_ CLIENT”和“MB_ SERVER”的每个实例都必须指定一个唯一的连接 ID
IP_ OCTET_ 1	Input	USINT	1. Modbus TCP 服务器 IP 地址 * 中的八位字节
IP_ OCTET_ 2	Input	USINT	2. Modbus TCP 服务器 IP 地址 * 中的八位字节
IP_ OCTET_ 3	Input	USINT	3. Modbus TCP 服务器 IP 地址 * 中的八位字节
IP_ OCTET_ 4	Input	USINT	4. Modbus TCP 服务器 IP 地址 * 中的八位字节
IP_ PORT	Input	UINT	服务器上使用 TCP/IP 协议与客户端建立连接和通信的 IP 端口号（默认值：502）
MB_ MODE	Input	USINT	选择请求模式（读取、写入或诊断）
MB_ DATA_ ADDR	Input	UDINT	由“MB_ CLIENT”指令所访问数据的起始地址
DATA_ LEN	Input	UINT	数据长度：数据访问的位数或字数（请参见“MB_ MODE 和 MB_ DATA_ ADDR 参数”数据长度）

续表

参数	声明	数据类型	说明
MB_ DATA_ PTR	InOut	VARIANT	指向 Modbus 数据寄存器的指针：寄存器是用于缓存从 Modbus 服务器接收的数据或将发送到 Modbus 服务器的数据的缓冲区。该指针必须引用具有标准访问权限的全局数据块。寻址到的位数必须除以 8
DONE	Out	BOOL	只要最后一个作业成功完成，立即将输出参数 DONE 的位置位为“1”
BUSY	Out	BOOL	0：当前没有正在处理的“MB_ CLIENT ”作业 1：“MB_ CLIENT ”作业正在处理中
ERROR	Out	BOOL	0：无错误 1：出错。出错原因由参数 STATUS 指示
STATUS	Out	WORD	指令的错误代码

在表 6-3 中有几点需要特别注意：

①“确认连接的唯一 ID”是客户端与服务端之间必须指定一个唯一的连接 ID；如和机器人之间的通信用的是“1”作为它们之间的唯一 ID，那么在与相机通信建立连接时就不能再用“1”来作为 ID。

②在 MODBUS TCP 通信中一共有三种连接模式：读取、写入和诊断。具体参数，如表 6-4 所示。

③“访问数据的长度”是指在所选模式下你要读取或写入服务端的位数；如从相机中读取 16 位数据，直接在“MB_ DATA_ LEN”输入 16 就可完成从访问数据起始读取到第 16 位。

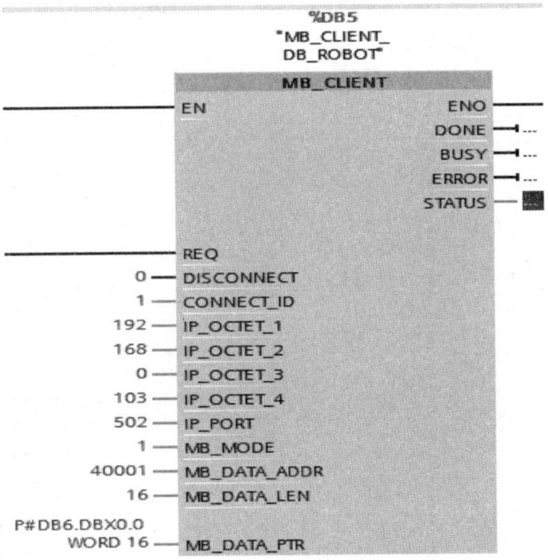

图6-9 客户端参数配置模板

“数据缓存区”，即建立一个只针对这个通信的数据块，在读或写的时候都是控制数据块中变量，格式为“P#数据块名字”+“数据类型”+“数据长度”。具体的配置方式，如图 6-9 所示。

表 6-4　　通信连接参数

MB_ MODE	MODBUS 功能	数据长度	功能和数据类型	MB_ DATA_ ADDR
0	01	1 到 2000	读取输出位：每个调用 1 到 2000 位	1 到 9999
0	02	1 到 2000	读取输入位：每个调用 1 到 2000 位	10001 到 19999

续表

MB_ MODE	MODBUS 功能	数据长度	功能和数据类型	MB_ DATA_ ADDR
0	03	1 到 125	读取保持寄存器：每个调用 1 到 125 WORD	40001 到 49999
0	04	1 到 125	读取输入字：每个调用 1 到 125 WORD	30001 到 39999
1	05	1	写入输出位：每个调用 1 位	1 到 9999
1	06	1	写入保持寄存器：1 WORD 每个调用	40001 到 49999
1	15	2 到 1968	写入多个输出位：每个调用 2 到 1968 位	1 到 9999
1	16	2 到 123	写入多个保持寄存器：每个调用 2 到 123 WORD	40001 到 49999
2	15	1 到 1968	写入一个或多个输出位：每个调用 1 到 1968 位	1 到 9999
2	16	1 到 123	写入一个或多个保持寄存器：每个调用 1 到 123 WORD	40001 到 49999
11	11	0	读取服务器通信的状态字和事件计数器：状态字反映了处理的状态（0：未处理，0xFFFF：正在处理），每次成功发送一条消息时，件计数器都将递增。执行该功能时，将不计算“MB_ CLIENT”指令的 MB_ DATA_ ADDR 和 MB_ DATA_ LEN 参数	—
80	08	1	通过错误代码 0x0000 检查服务器状态（返回循环测试-服务器发回请求）：1 WORD 每个调用	—
81	08	1	通过错误代码 0x000A 复位服务器的事件计数器：1 WORD 每个调用	

2）服务端指令参数配置。在博途组态软件中的服务端指令模块，如图 6-10 所示，

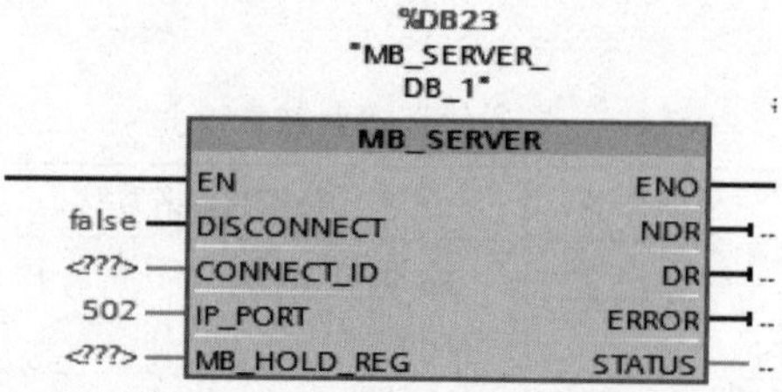

图 6-10 服务端的指令模块

使用时只需要按照端口定义配置好参数就行。端口定义，如表 6-5 所示。

表 6-5　端口定义

参数	声明	数据类型	说明
DISCONNECT	Input	BOOL	指令“MB_ SERVER”建立与一个伙伴模块的被动连接，即服务器会对来自每个请求 IP 地址的 TCP 连接请求进行响应。接受一个连接请求后，可以使用该参数进行控制：0：在无通信连接时建立被动连接。1：终止连接初始化。如果该置位已输入，那么不会执行其他操作。成功终止连接后，STATUS 参数将输出值 7003
CONNECT_ ID	Input	UINT	该参数将唯一确定 CPU 中的连接。指令“MB_ CLIENT”和“MB_ SERVER”的每个单独实例都必须有一个唯一的 CONNECT_ ID 参数
IP_ PORT	Input	UINT	起始值 = 502。IP 端口号将定义 Modbus 客户端连接请求中要监视的 IP 端口。这些 TCP 端口号不能用于“MB_ SERVER”指令的被动连接：20、21、25、80、102、123、5001、34962、34963 和 34964
MB_ HOLD_ REG	InOut	VARIANT	指向“MB_ SERVER”指令中 Modbus 保持寄存器的指针。　保持寄存器包含 Modbus 客户端可通过 Modbus 功能 3（读取）、6（写入）和 16（读取）访问的值
NDR	Output	BOOL	“New Data Ready”0：无新数据 1：从 Modbus 客户端写入的新数据
DR	Output	BOOL	“Data Read”0：未读取数据 1：从 Modbus 客户端读取的数据
ERROR	Output	BOOL	如果在调用“MB_ SERVER”指令过程中出错，则将 ERROR 参数的输出设置为 TRUE。有关错误原因的详细信息，将由 STATUS 参数指定
STATUS	Output	WORD	指令的错误代码

在服务端的参数配置相对比较简单，除去 ID 和数据缓存区需要根据实际情况变化，其他的都是固定的格式，具体情况如图 6-11 所示。

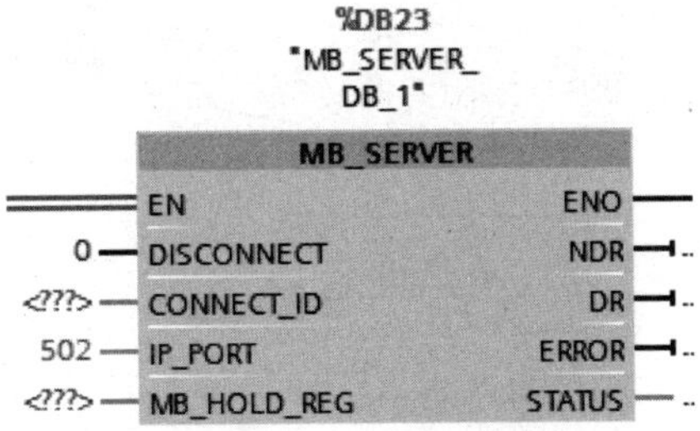

图 6-11　服务端指令模块

(6) 通信模块的设计

在前面介绍过客服端和服务端通信指令的端口和端口的意义。在客服端通信模块中起决定性意义的是 REQ 这个端口，只要这个端口导通一次就会请求服务端进行通信连接一次，当通信连接上后就不管 REQ 这个端口是否导通都不影响通信。对触发请求通信即控制 REQ 端口的设计如图 6-12 所示。而服务端不需要请求通信，只是负责响应客服端模块的请求，所以把端口配置完成就可以。

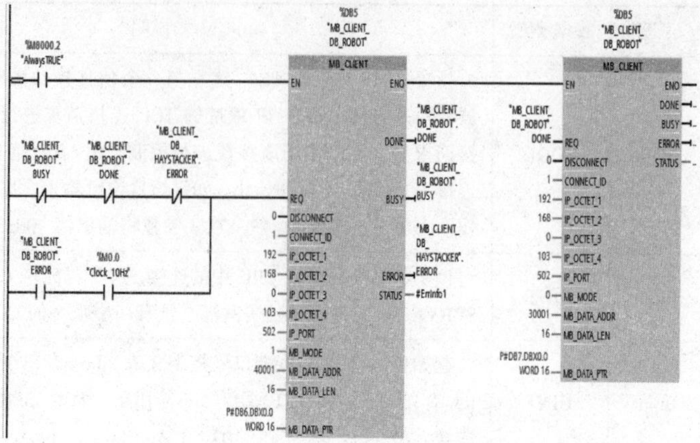

图 6-12　客户端通信连接图

图 6-13 为客户端通信流程图，程序开始运行时首先判断通信模块是否处于通信中，如果是，则通信已经连接成功，REQ 端口不导通；否则，进一步判断通信模块是否处于通信连接中。如果处于这种状态则通信模块 REQ 端口不导通，等到通信连接成功。只有当通信模块不在这两种状态时，通信模块才会导通一次请求建立通信。如果通信中出错就会触发另一条控制路径，利用时钟脉冲每隔一段时间就触发一次通信，直到通信成功为止。

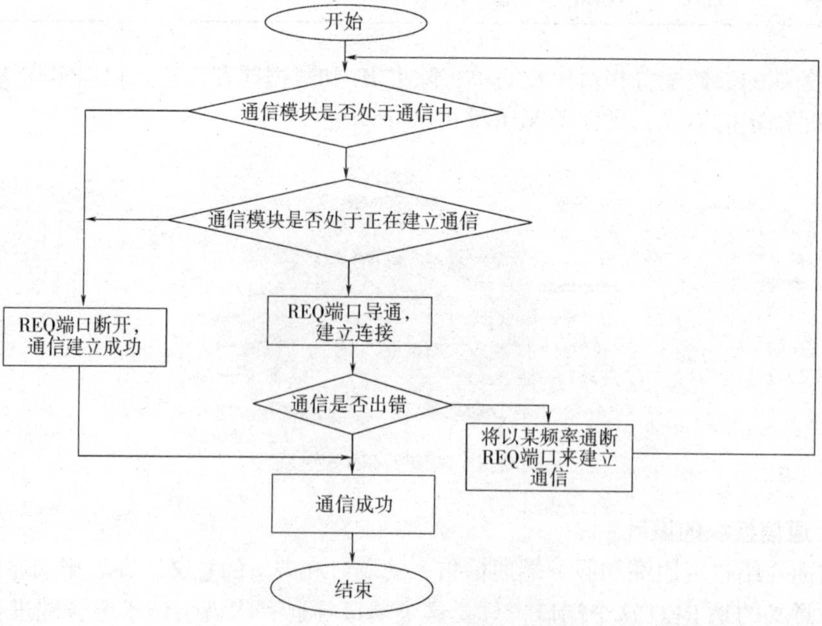

图 6-13　通信连接流程图

(7) 通信信息的定义

在整个系统通信中，总控 PLC 与码垛机器人和工业机器人的通信实质内容就是通过通信模块传递阿拉伯数字，只是这些阿拉伯数字被赋予了一些特定的意义，这些特定的意义在写整个程序之前就已经提前约定好了。

例如“总控 PLC 通过通信控制码垛机器人复位”，其实质就是总控 PLC 通过通信模块向码垛机器人接收数据块中的一个变量发送了一个阿拉伯数字，这数字可以是任何数，但要与数据类型对应且不能与其他数据有重复，让这个变量等于这个数字。假设发送了一个“1”，接下来在码垛机程序里就会写一段判断语句，意思为：当这个数据块中的这个变量等于“1”时，就开始运行码垛机复位程序。

通过上面的举例可以很清晰直观地了解 MODBUS 通信的实质，表 6-6 为程序通信数字的定义，总控 PLC 与相机的通信内容在相机出厂时就由厂家定义了，表 6-7 为相机通信数字的定义，其中特定的数字定义如图 6-14 所示，工件类型如图 6-15 所示。

表 6-6　通信内容的设定

通信对象	数字	意义
码垛机发给总控 PLC	1～27	对应仓库的 28 个工位信息
总控 PLC 发给码垛机	50～59	依次对应出库、入库、停止、复位、*X* 轴正反转、*Y* 轴正反转和 *Z* 轴正反转
总控 PLC 发给机器人	100，200	100 为总控 PLC 启动工业机器人；200 为总控 PLC 控制机器人复位
机器人发给总控 PLC	300，400	300 为机器人向总控 PLC 请求数据；400 为总控 PLC 将工业机器人清零

表 6-7　PLC 与相机通信数据定义

MODBUS 地址	相机内部地址	PLC 地址	数据类型	偏移量	启动值	说明	工件类别
		CamerData	Array [0…7，0…8] of DWord	0			
40000	0	CamerData [0，0]	DWord	0	16#0	X 像素	工件 1
40002	2	CamerData [0，1]	DWord	4	16#0	Y 像素	
40004	4	CamerData [0，2]	DWord	8	16#0	A 角度	
40006	6	CamerData [0，3]	DWord	12	16#0		
40008	8	CamerData [0，4]	DWord	16	16#0		
40010	10	CamerData [0，5]	DWord	20	16#0		
40012	12	CamerData [0，6]	DWord	24	16#0		
40014	14	CamerData [0，7]	DWord	28	16#0		
40016	16	CamerData [0，8]	DWord	32	16#0		

续表

MODBUS 地址	相机内部地址	PLC 地址	数据类型	偏移量	启动值	说明	工件类别
40018	18	CamerData [1, 0]	DWord	36	16#0	X 像素	工件 2
40020	20	CamerData [1, 1]	DWord	40	16#0	Y 像素	
40022	22	CamerData [1, 2]	DWord	44	16#0	A 角度	
40024	24	CamerData [1, 3]	DWord	48	16#0		
40026	26	CamerData [1, 4]	DWord	52	16#0		
40028	28	CamerData [1, 5]	DWord	56	16#0		
40030	30	CamerData [1, 6]	DWord	60	16#0		
40032	32	CamerData [1, 7]	DWord	64	16#0		
40034	34	CamerData [1, 8]	DWord	68	16#0		
40036	36	CamerData [2, 0]	DWord	72	16#0	X 像素	工件 3
40038	38	CamerData [2, 1]	DWord	76	16#0	Y 像素	
40040	40	CamerData [2, 2]	DWord	80	16#0	A 角度	
40042	42	CamerData [2, 3]	DWord	84	16#0		
40044	44	CamerData [2, 4]	DWord	88	16#0		
40046	46	CamerData [2, 5]	DWord	92	16#0		
40048	48	CamerData [2, 6]	DWord	96	16#0		
40050	50	CamerData [2, 7]	DWord	100	16#0		
40052	52	CamerData [2, 8]	DWord	104	16#0		
40054	54	CamerData [3, 0]	DWord	108	16#0	X 像素	工件 4
40056	56	CamerData [3, 1]	DWord	112	16#0	Y 像素	
40058	58	CamerData [3, 2]	DWord	116	16#0	A 角度	
40060	60	CamerData [3, 3]	DWord	120	16#0		
40062	62	CamerData [3, 4]	DWord	124	16#0		
40064	64	CamerData [3, 5]	DWord	128	16#0		
40066	66	CamerData [3, 6]	DWord	132	16#0		
40068	68	CamerData [3, 7]	DWord	136	16#0		
40070	70	CamerData [3, 8]	DWord	140	16#0		

续表

MODBUS 地址	相机内部地址	PLC 地址	数据类型	偏移量	启动值	说明	工件类别
40072	72	CamerData [4, 0]	DWord	144	16#0		
40074	74	CamerData [4, 1]	DWord	148	16#0		
40076	76	CamerData [4, 2]	DWord	152	16#0		
40078	78	CamerData [4, 3]	DWord	156	16#0		
40080	80	CamerData [4, 4]	DWord	160	16#0		
40082	82	CamerData [4, 5]	DWord	164	16#0		
40084	84	CamerData [4, 6]	DWord	168	16#0		
40086	86	CamerData [4, 7]	DWord	172	16#0		
40088	88	CamerData [4, 8]	DWord	176	16#0		
40090	90	CamerData [5. 0]	DWord	180	16#0		
40092	92	CamerData [5. 1]	DWord	184	16#0		
40094	94	CamerData [5. 2]	DWord	188	16#0		
40096	96	CamerData [5. 3]	DWord	192	16#0		
40098	98	CamerData [5. 4]	DWord	196	16#0		
40100	100	CamerData [5. 5]	DWord	200	16#0		
40102	102	CamerData [5. 6]	DWord	204	16#0		
40104	104	CamerData [5. 7]	DWord	208	16#0		
40106	106	CamerData [5. 8]	DWord	212	16#0		
40108	108	CamerData [6. 0]	DWord	216	16#0		
40110	110	CamerData [6. 1]	DWord	220	16#0		
40112	112	CamerData [6. 2]	DWord	224	16#0		
40114	114	CamerData [6. 3]	DWord	228	16#0		
40116	116	CamerData [6. 4]	DWord	232	16#0		
40118	118	CamerData [6. 5]	DWord	236	16#0		
40120	120	CamerData [6. 6]	DWord	240	16#0		
40122	122	CamerData [6. 7]	DWord	244	16#0		
40124	124	CamerData [6. 8]	DWord	248	16#0		

续表

MODBUS 地址	相机内部地址	PLC 地址	数据类型	偏移量	启动值	说明	工件类别
40126	126	CamerData［7. 0］	DWord	252	16#0		
40128	128	CamerData［7. 1］	DWord	256	16#0		
40130	130	CamerData［7. 2］	DWord	260	16#0		
40132	132	CamerData［7. 3］	DWord	264	16#0		
40134	134	CamerData［7. 4］	DWord	268	16#0		
40136	136	CamerData［7. 5］	DWord	272	16#0		
40138	138	CamerData［7. 6］	DWord	276	16#0		

40090	90	工件类型	1:底座 2:电机 3:减速机 4:法兰
40096	96	工件1系数	相机系数1
40098	98	工件2系数	相机系数2
40100	100	工件3系数	相机系数3
40102	102	工件4系数	相机系数4
40105	105	相机启动	1:相机启动
40107	107	相机完成	1:相机完成 2:NG

图 6-14　特定的数字定义

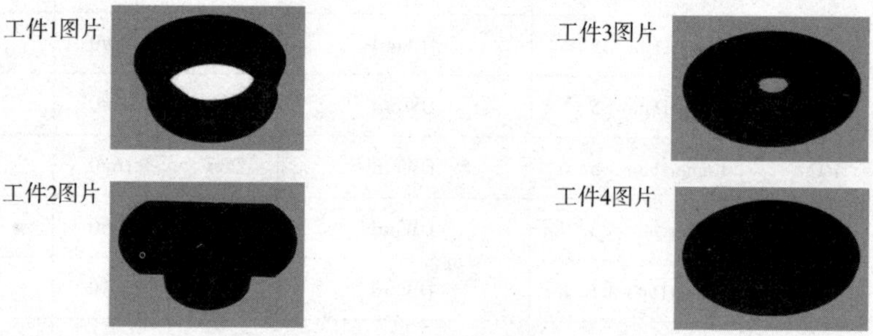

图 6-15　工件类型

任务 6. 2　码垛机编程

学习目标

1. 知识目标

了解码垛机编程。

2. 技能目标

学会码垛机编程。

3. 素质目标

(1) 提高与人沟通交流的能力。

(2) 提高查阅图纸资料、搜集相关知识信息的能力。

任务描述

立体仓库共有 28 个仓位和一个出入货口（1 号仓位），可以实现手动和自动两种控制方式。手动情况下可以实现人工控制码垛机的上下、前后、左右三个方向上的运动。自动情况下可以通过出入货口自动实现货物的入库和出库动作。

本任务设计的具体控制功能如下：

1）接通电源，将选择开关置于手动位置，分别按下↑、↓、←、→、↗、↙后观察各方向运动情况，码垛机在高强度丝杠上运行平稳，在接近极限位置时，执行限位保护。

2）将选择开关置于自动位置，通电状态下，通过 HMI 面板按下复位按钮，各机构复位，即返回零位。立体仓库坐标定位以零位开始。

3）当入库的时候，选择欲送仓位的仓位号，按动仓位号对应的按钮，控制面板 HMI 显示仓位号。按入库按钮后，货物自动送入指定的仓位号对应的仓库位里。若被指定的仓位号里有货物，则送货命令不被执行，当码垛机执行出库模式后要准确地在 AGV 小车上拿取货物稳定地放到指定的仓位。

4）当出库的时候，选择欲取货物的仓位号后，在控制面板 HMI 显示出来，按动取货按钮后，可以自动将货物取出。如果码垛机里有货物，则取货命令不被执行。取货与送货装有互锁开关，防止发生故障，当码垛机执行出库并且准确地到指定的仓位取到货物后必须准确地放到 AGV 小车上。

5）出库和入库指令完成后，机构自动返回原来位置。

6）整个电气控制系统必须设置急停按钮，以防发生意外。

(1) 组态设备网络

组态设备网络就是在组态软件中配置一套与实物类型一致的虚拟设备，该设备由西门子 PLC S7-1200、变频器和 HMI 面板组成，其类型与型号如表 6-8 所示，组态完成后如图 6-16 所示。

表 6-8　设备型号

序号	设备	数量	型号
1	PLC	1	SIMATIC S7-1200 1215C DC/DC/DC
2	扩展 I/O	2	SM 1221 DI16×24 VDC
		1	SM 1221 DI8×24 VDC
3	HMI 面板	1	SIMATIC TP700 精智面板
4	变频器	3	SINAMICS G120 CU240E-2 PN（-F）V4. 7

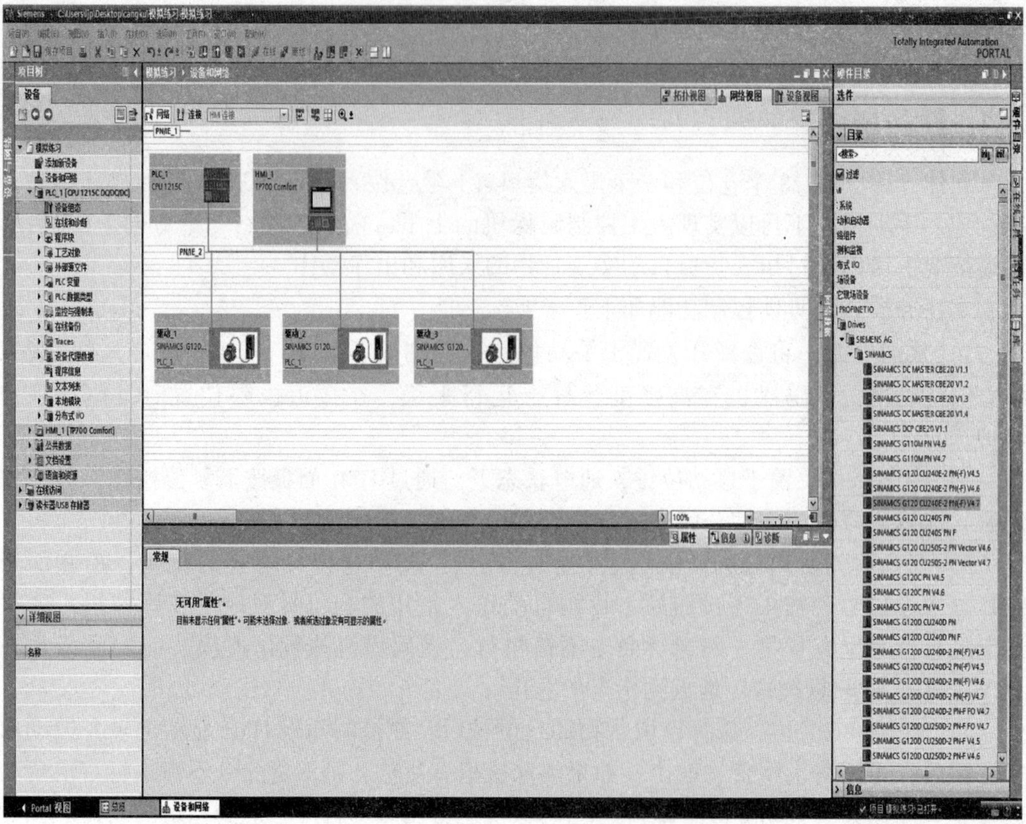

图6-16　组态设备网络图

• G120 变频器的组态

G120 变频器为本设计的立体仓库的驱动单元，分为添加变频器，组态报文，编写控制指令（正转：16#0C7F 反转：16#047F 停止 16#047E），如图 6-17、图 6-18、图 6-19 所示。

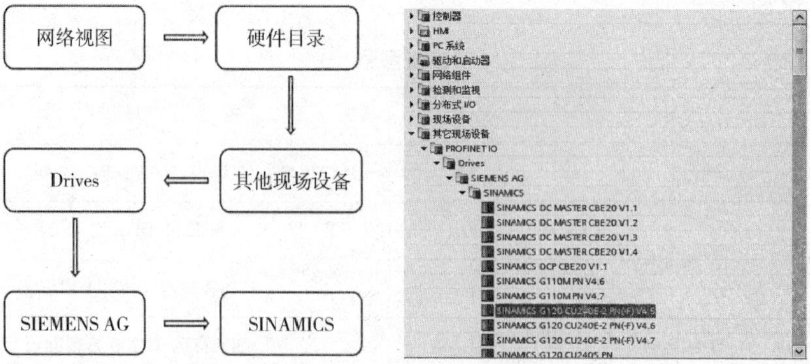

图6-17　添加 G120 变频器图

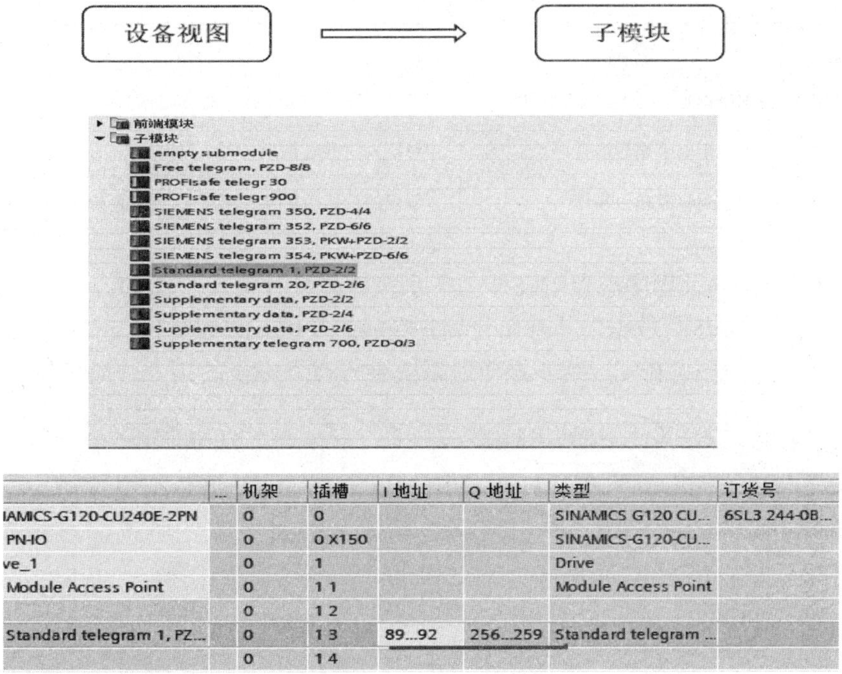

图6-18　组态报文

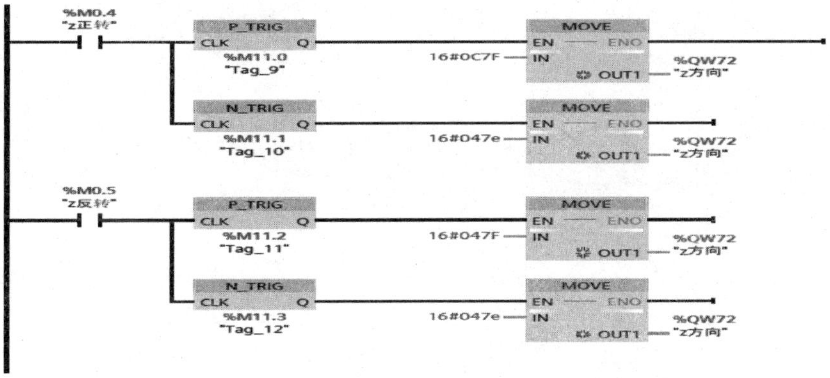

图6-19　编写控制指令

（2）程序设计

1）程序语言方式设计。基本的编程语言有：梯形图（LAD）、FBD语言和SCL语言（表6-9）。LAD和FBD是面向图形的语言。在LAD中通过串联或并联结构中连接各个触点来创建控制方案，而在FBD中则是通过AND和OR方框互连在一起的。SCL语言逻辑能力强，同时也大大地缩短了编程时间和减少了程序的复杂性。本书编者采用梯形图与SCL语言混编的方式，总体框架、速度控制和计算方式用梯形图，而流程控制出货和进货则用SCL语言控制，将两者的优势充分体现出来，减少了工作量，使程序更加简化、逻辑更清晰、控制更流畅。

表 6-9　　三种语言各自的优缺点

类型	优点	缺点
梯形图	程序直观、明了，编程简单	在进行逻辑和分支跳转程序时较为复杂，编程难度较大
SCL 语言	类似于电脑编程语言	对刚入门的人来说，有一定困难
FBD 语言	程序逻辑清晰、易懂	编程的功能块居多、用法灵活多变

2）PLC 分配表及程序流程图设计。本系统软件设计的流程图如图 6-20 所示。程序下载到 PLC 后先进行数据清零初始化和各功能的复位（出库复位、入库复位），系统则自动进行复位程序，在完成这步操作后系统会等待下一步的指令，如果按下（出库、

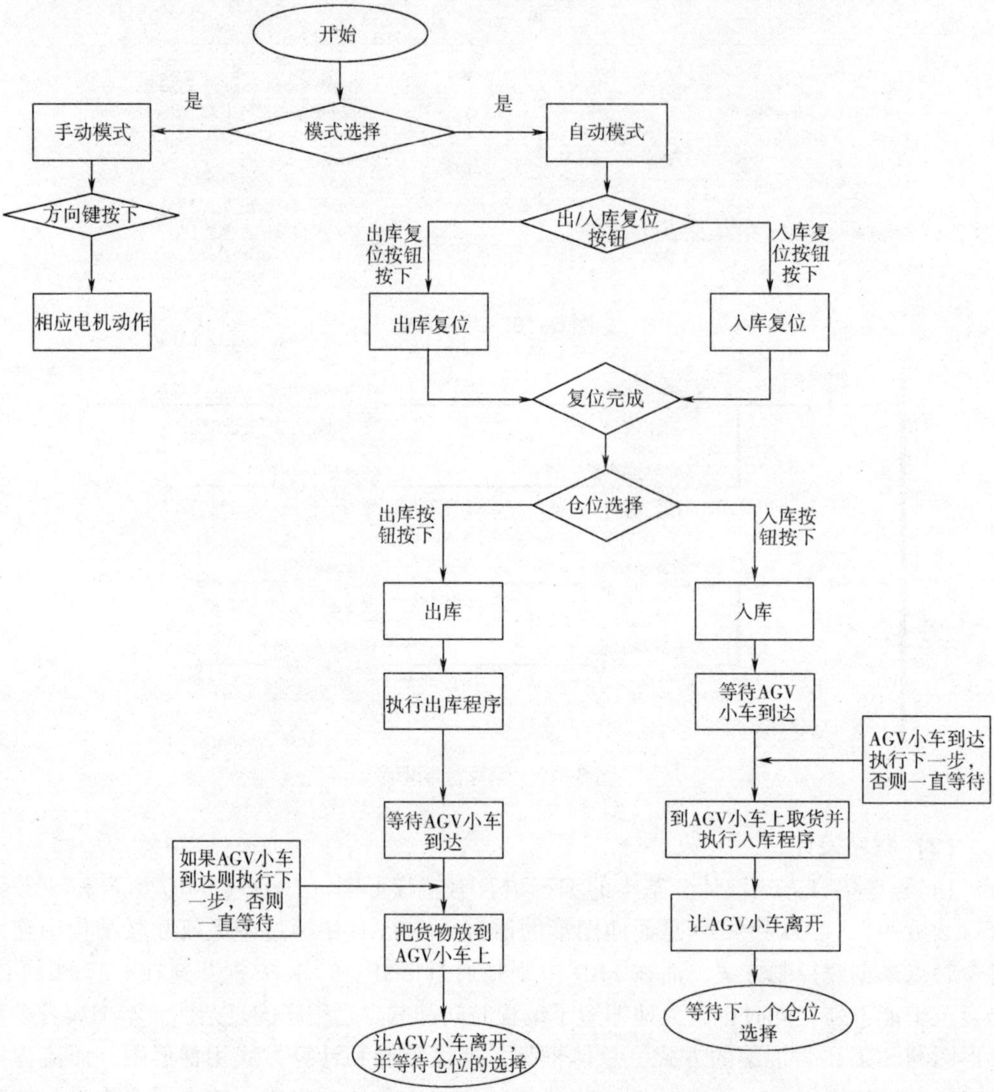

图 6-20　系统软件流程图

入库）按钮系统则会进行相应的流程，等待仓位的选取信息（可以多仓位的选取）进行相应的动作取或放，在完成一个动作后系统会自动进行下一个判断，判断为真则进行相应的动作，判断为假则在一旁等待指令。在整个系统中设置了一个货物出口，由AGV小车进行货物出入立体仓库的中途运输，减少了人工的工作量，当完成从立体仓库取货时则码垛机会运动到出口进行等待AGV小车到达指令，当接收到这一信号时码垛机则会进行货物和AGV小车之间的交接动作，完成这一动作之后会发出AGV小车离开信号，码垛机随之进行下一个货物的拿取动作，AGV小车则会离开立体仓库；当进行入库时，码垛机会运动到出口位置等待AGV小车到达信号，当码垛机接收到AGV小车到达信号时会进行从AGV小车上拿取货物的动作，完成这一步动作后码垛机会同时发出让AGV小车离开的信号和运动去相应的仓位进行放货的动作。PLC的I/O分配图，如图6-21所示。

	名称	数量	型号	订货号	
1	PLC	1	CPU 1215C DC/DC/DC	6ES7 215-1AG40-0XB0	
2	扩展IO	2	SM 1221 DI16 x 24 VDC	6ES7 221-1BH32-0XB0	
		1	SM 1221 DI8 x 24 VDC	6ES7 221-1BF32-0XB0	
3	触摸屏	1	TP700 Comfort	6AV2 124-0GC01-0AX0	
4	变频器	3	SINAMICS G120 CU240E-2 PN	6SL3244-0BB12-1FA0	
地址	说明	地址	说明	地址	说明
%I0.0	急停	%I3.0	仓位托盘监测信号SQ1	%I6.0	仓位托盘监测信号SQ25
%I0.1	启动按钮	%I3.1	仓位托盘监测信号SQ2	%I6.1	仓位托盘监测信号SQ26
%I0.2	超出最大限位	%I3.2	仓位托盘监测信号SQ3	%I6.2	仓位托盘监测信号SQ27
%I0.3	货叉放货限位-3ELP	%I3.3	仓位托盘监测信号SQ4	%I6.3	仓位托盘监测信号SQ28
%I0.4	放货中间位-3ORG1	%I3.4	仓位托盘监测信号SQ5		
%I0.5	货叉上检测托盘光电	%I3.5	仓位托盘监测信号SQ6	%I6.4	AGV小车到达码垛机信号
%I0.6		%I3.6	仓位托盘监测信号SQ7		
%I0.7	货叉取货限位-3ELN	%I3.7	仓位托盘监测信号SQ8		
%I1.0	Z轴最大限位-2ELP	%I4.0	仓位托盘监测信号SQ9	%Q0.0	红色信号灯
%I1.1	Z轴上位传感器	%I4.1	仓位托盘监测信号SQ10	%Q0.1	黄色信号灯
%I1.2	Z轴中间传感器	%I4.2	仓位托盘监测信号SQ11	%Q0.2	绿色信号灯
%I1.3	Z轴下位传感器	%I4.3	仓位托盘监测信号SQ12		
%I1.4	Z轴最小限位-2ELN	%I4.4	仓位托盘监测信号SQ13		
%I1.5	X轴最小限位-1ELP	%I4.5	仓位托盘监测信号SQ14		
%I2.0	X轴左位传感器	%I4.6	仓位托盘监测信号SQ15		
%I2.1	X轴中间位传感器	%I4.7	仓位托盘监测信号SQ16		
%I2.2	X轴右位传感器	%I5.0	仓位托盘监测信号SQ17	%Q1.0	变频器使能
%I2.3	X轴最大限位-1ELN	%I5.1	仓位托盘监测信号SQ18	%Q1.1	启动AGV小车离开码垛机
%I2.4	变频器1报警	%I5.2	仓位托盘监测信号SQ19		
%I2.5	变频器2报警	%I5.3	仓位托盘监测信号SQ20		
%I2.6	变频器3报警	%I5.4	仓位托盘监测信号SQ21		
%I2.7	联机/单机	%I5.5	仓位托盘监测信号SQ22		
		%I5.6	仓位托盘监测信号SQ23		
		%I5.7	仓位托盘监测信号SQ24		

图6-21 PLC的I/O分配图

3）*X*、*Z*轴计数程序设计。在本设计中*X*、*Z*轴采用加减计数器（CTUD）的方式来进行准确的定位，*X*、*Z*轴码垛机上分别装了左中右三个传感器和上中下三个传感器，*X*、*Z*轴上分别在每行每列上面都安装了一个金属挡片，通过码垛机上的传感器遮光金属片来获取码垛机的位置信息，一直到达码垛机的准确定位，*X*轴计数如图6-22所示，*Z*轴计数如图6-23所示。

4）VB函数获取行列信息。本设计HMI面板上共28个仓库按钮，每个按钮分别代表一个仓位，按动后将此按钮的值赋值给码垛机运动程序，如图6-24所示；采用VB函数进行中间的数据转换，如在28个按钮里面循环查找，如图6-25所示；当清零的按钮按下，利用VB函数将数据清零，如图6-26所示；将按钮的值赋值给行列计算程序，运动行/列=选择行列-当前行/列，再由动作流程程序运动到相应位置，如图6-27所示。

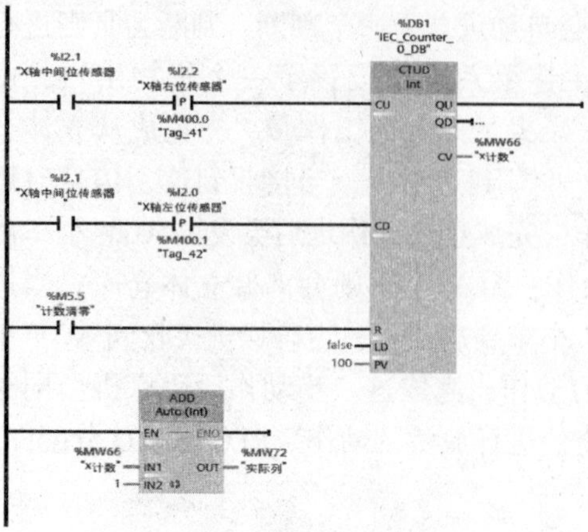

图 6-22　X 轴计数程序图

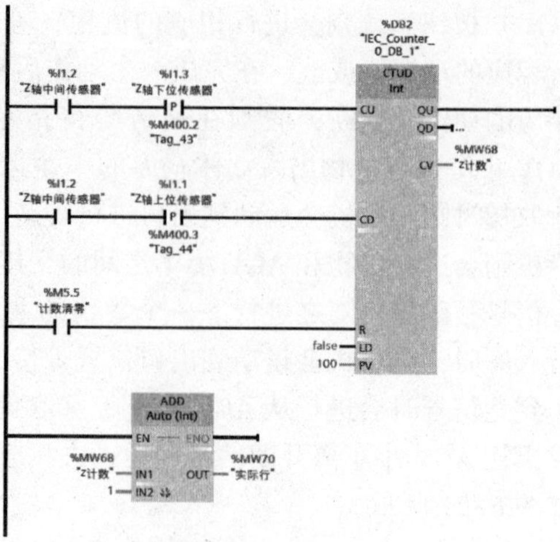

图 6-23　Z 轴计数程序图

▼ 设置变量	
变量 (输出)	gwxz
值	11
VBFunction_1	
<添加函数>	

图 6-24　行列信息赋值图

```
Sub VBFunction_1()
'提示:
' 1. 使用 <CTRL+SPACE> 或 <CTRL+I> 快捷键打开含所有对象和函数的列表
' 2. 使用 HMI Runtime 对象写入代码。
'  示例: HmiRuntime.Screens("Screen_1")。
' 3. 使用 <CTRL+J> 快捷键创建对象引用。
'从此位置起写入代码:
Dim i
Dim k
k=0
'Please replace all sequences which are enclosed with '_' by your own code.
For i = 0 To 27
    If gwlb(i)=gwxz Then
        k=1
        End If
Next

If k=0 Then
    gwlb(gs)=gwxz
gs=gs+1
End If

End Sub
```

图 6-25　VB 函数数据转化图

```
Sub VBFunction_2()
'提示:
' 1. 使用 <CTRL+SPACE> 或 <CTRL+I> 快捷键打开含所有对象和函数的列表
' 2. 使用 HMI Runtime 对象写入代码。
'  示例: HmiRuntime.Screens("Screen_1")。
' 3. 使用 <CTRL+J> 快捷键创建对象引用。
'从此位置起写入代码:
Dim i
'Please replace all sequences which are enclosed with '_' by your own code.
For i = 0 To 27 Step 1
    gwlb(i)=0
Next
gs=0

End Sub
```

图 6-26　利用 VB 函数清零图

```
IF "gs" > 0 THEN
    "选择行" := "工位".gwlb[0] / 10;
    "选择列" := "工位".gwlb[0] MOD 10;
    "所需运动行" := "选择行" - "实际行";
    "所需运动列" := "选择列" - "实际列";
```

图 6-27　行列信息计算图

5）码垛机速度程序的设计。本设计在码垛机的运行过程中采用二级调速的方式进行货物的取放，当运动行/列=选择行列-当前行/列，等于 1 或 0 的时候采用低速的模式靠近预想位置，反之则高速运行，从而达到取放货物时间的缩短以及效率的提高，在企业和工厂运行更为广阔。行列调速梯形图如图 6-28 所示。

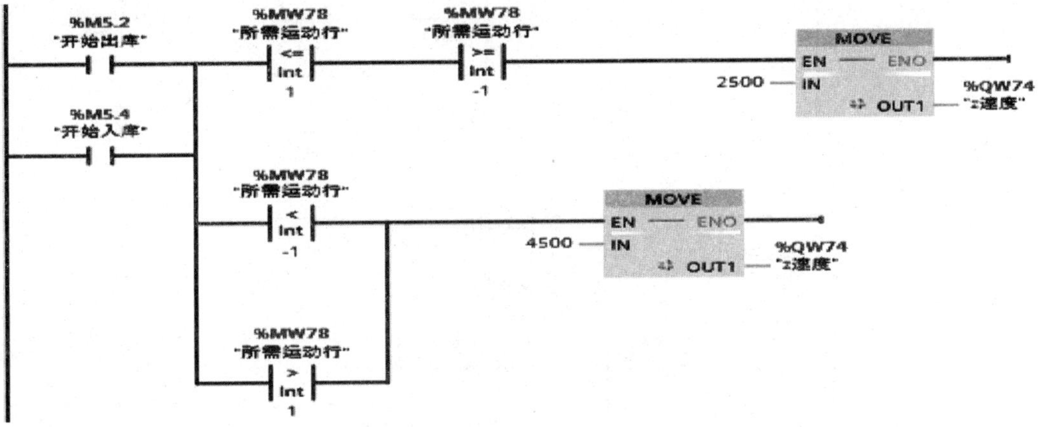

图 6-28　行列调速梯形图

6）码垛机的复位程序设计。当码垛机在停止和准备运行的时候都需要进行复位，从而让计算行列信息更准确，更好地在出库与入库模式间进行转换。复位流程图如图 6-29 所示；X 轴复位如图 6-30 所示；Y 轴复位如图 6-31 所示。

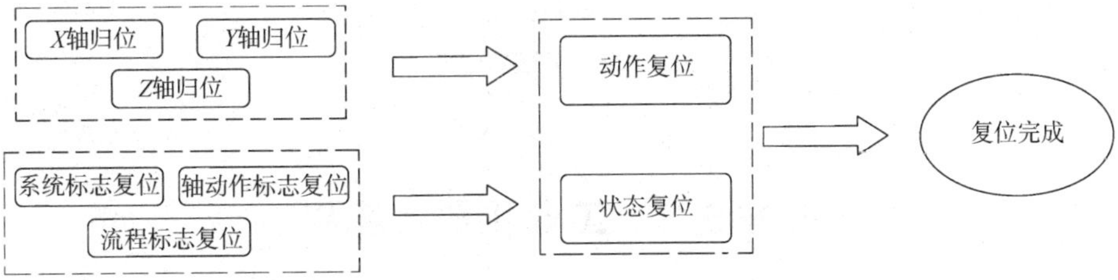

图 6-29　复位流程图

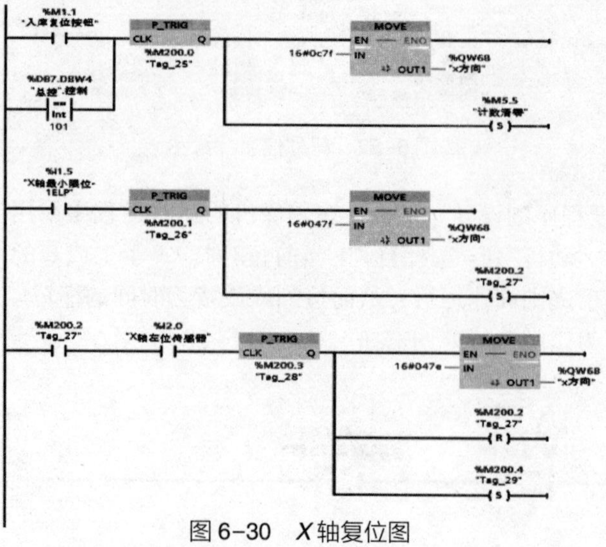

图 6-30　*X* 轴复位图

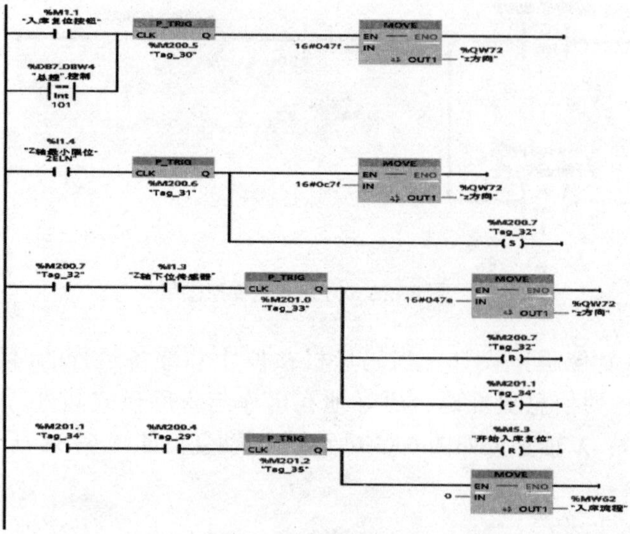

图 6-31　*Y* 轴复位图

任务 6.3　工业机器人编程

学习目标

1. 知识目标

了解工业机器人编程。

2. 技能目标

学会工业机器人编程。

3. 素质目标

(1) 提高与人沟通交流的能力。

(2) 提高查阅图纸资料、搜集相关知识信息的能力。

任务描述

设计一个能稳定运行的工业机器人自动搬运的系统和程序，具体要求如下：

1) 工业机器人能受总控 PLC 的控制。

2) 相机能准确地识别工具信息，并将信息发送给总控 PLC。

3) 工业机器人能按要求抓取工件，放置于准确的位置。

4) 工业机器人能自主组装四套工件，并执行入库。

5) 工业机器人能实现单机运行、外部控制，和整个系统的联调运行。

(1) 机器人单机程序的设计

该系统中机器人的运行分为单机运行、联调运行和外部运行三类，其中完成单机运行是联调运行和外部运行的前提。单机运行：由操作者依次将工件放置于托盘的中心处，再将托盘放置于托盘流水线的抓取工位，由机器人抓起，将工件放置于装配流水线的装配工位后，气缸进行二次定位，以提高机器人二次抓取的精度，而机器人用双吸盘将空托盘收集于空托盘收集处。当四种工件全部抓取到装配流水线的装配工位并且气缸全部进行二次定位后，机器人开始组装，依次用双吸盘将二号、三号、四号工件吸起，放置于一号工件中，当四号工件放置于一号工件上时，机器人带动四号工件顺时针旋转 90°，使其扣紧。组装完成后机器人将产品吸起放置于装配流水线的成品库中。图 6-32 为机器人单机运行的流程图，表 6-10 为机器人 I/O 变量表。

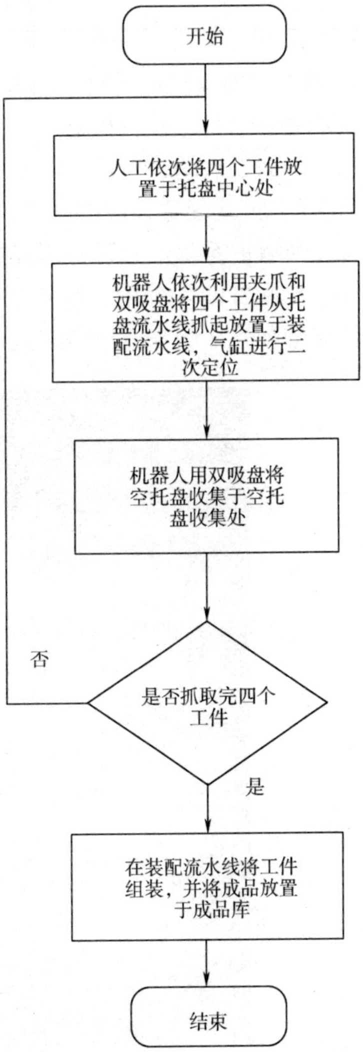

图 6-32　机器人单机运行流程图

表 6-10　　机器人 I/O 变量表

序号	类型	I/O 端口号	作用
1	输出	D_ OUT [17]	双吸盘
2	输出	D_ OUT [18]	夹爪
3	输出	D_ OUT [19]	激光笔
4	输出	D_ OUT [21]	定位气缸一号
5	输出	D_ OUT [22]	定位气缸二号
6	输出	D_ OUT [23]	定位气缸三号
7	输出	D_ OUT [24]	定位气缸四号

(2) 机器人外部运行控制程序的设计

机器人的外部运行即在将机器人调到外部运行模式下，由总控 PLC 来控制机器人的使能、程序加载、启动、暂停、停止。

1）外部运行模式配置。配置外部信号是将系统信号和 I/O 输入输出点位建立映射关系的过程。所有的系统信号都必须经过配置后才能映射到对应的 I/O 点位上。在一个未进行外部信号配置的系统中，默认状态下系统信号和 I/O 之间是没有映射连接关系的。本设计中的配置如图 6-33 所示。

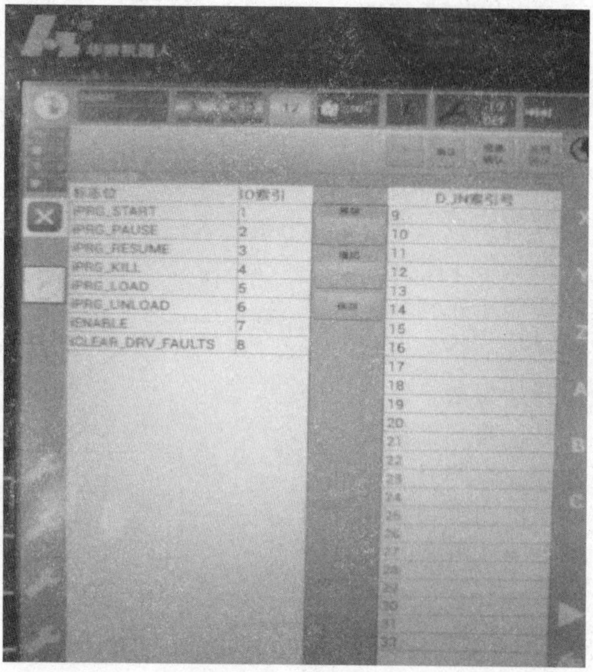

图 6-33　外部配置图

2）外部运行模式程序的编写方法。

①创建一个新文件。

②编写程序。

③单击主菜单栏中的变量列表。

④选择 EXT_ PRG 变量。

⑤将刚创建的文件名添加到 EXT_ PRG［1］中。

⑥将示教器上机器人的运行模式调为外部运行模式。

3）机器人联调程序的设计。

①流程设计。自动搬运：操作者将机器人调到自动模式，并启动运行程序，机器人等待总控 PLC 发送的抓取信号。工件由码垛机器人从料仓取下放置在 AGV 小车上，AGV 小车将托盘和工件运送到托盘流水线，并将工件传送到托盘流水线，AGV 小车离开，去取下一个工件，而托盘流水线上的工件被送拍照工位，由相机拍完照后，工件继续被托盘流水线运送到抓取工位，相机将拍到的数据传送给总控 PLC，总控 PLC 进行数据处理，并将处理后的数据发送给机器人，机器人根据数据信息进行抓取，并将工件放到装配流水线的装配工位，如果装配工位有工件，则将工件放置到备件库，放置完工件后，将空托盘放置到空托盘收集处，并发送一个值给总控 PLC，让它发送下一个数据信息，从而再次进行抓取。当装配工位满足装配时，机器人进行装配，并将成品放置到成品库。此时如果备件库有工件，则优先将备件库的工件抓取后放置于装配库，抓取完备件库再从托盘流水线抓取工件到装配库，进行装配。

当装配完 4 套工件后，执行入库程序，由机器人从空托盘收集处将托盘吸取放置到托盘流水线上，再从装配流水线吸取一个成品放置到托盘上，此时托盘流水线反转，将工件传送到 AGV 小车上，再由码垛机将工件取下放回料仓中，重复上述过程，直到装配流水线和托盘流水线上没有工件。联调流程图如图 6-34 所示，入库流程图如图 6-35 所示。

②用户 PLC 配置。机器人与总控 PLC 交互时，需要机器人配置用户 PLC，其中总控 PLC 将发送给机器人的数据发送到机器人的保持寄存器 HOLD_ REG 中，由机器人读取，而机器人发给总控 PLC 的数据则发送到输入寄存器 IN_ REG 中，由总控 PLC 读取。保持寄存器和输入寄存器各有 16 个，即在交互时可以同时发送 16 个数据。

在登录用户 PLC 配置时，需先登录超级用户组 super（密码 HSPAD），登录超级用户组后需要编写一个 USR_ PLC. LIB 的子程序，该子程序即是机器人与总控 PLC 进行交互的程序。编写完该程序后需将用户 PLC 停止运行，再将程序加载到 PLC，否则发送用户 PLC 失败。

不加载 USR_ PLC. LIB 子程序，则在加载联调程序时，示教器会报警，机器人无法运行。表 6-11 为定义机器人的变量表。

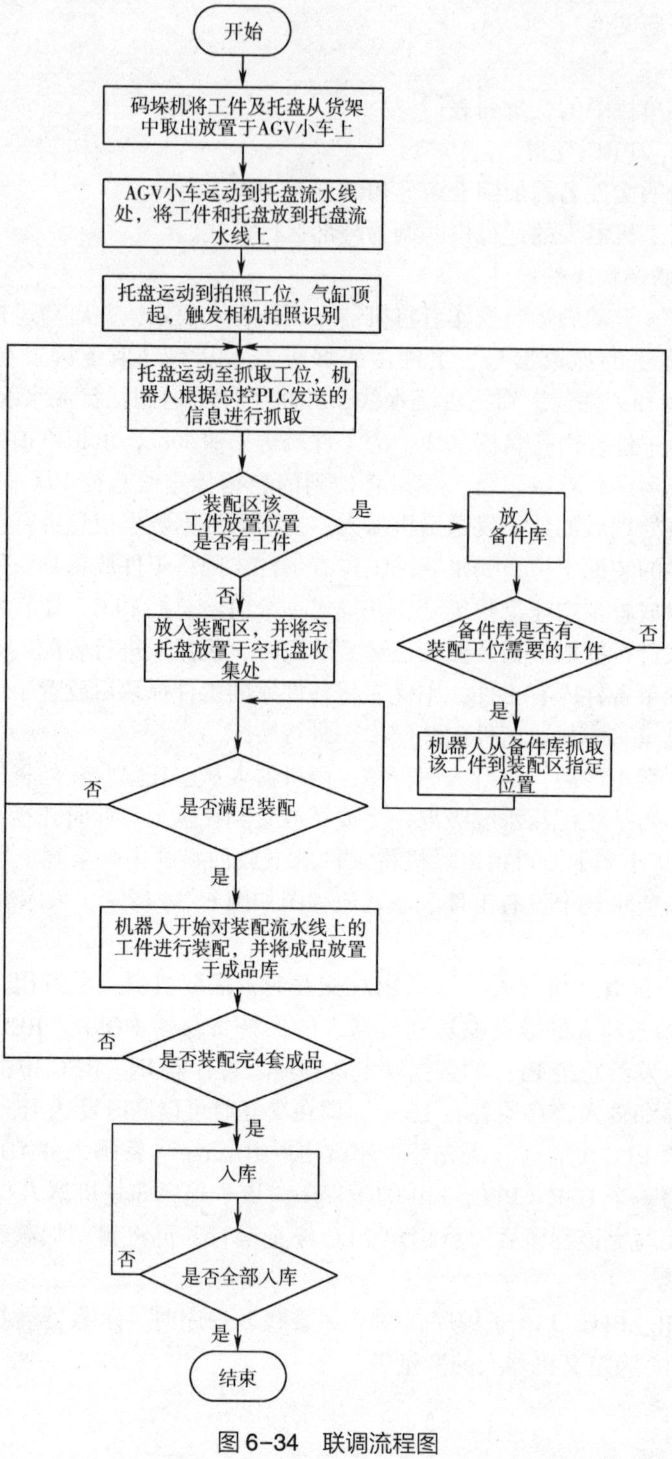
开始
码垛机将工件及托盘从货架中取出放置于AGV小车上
AGV小车运动到托盘流水线处，将工件和托盘放到托盘流水线上
托盘运动到拍照工位，气缸顶起，触发相机拍照识别
托盘运动至抓取工位，机器人根据总控PLC发送的信息进行抓取
装配区该工件放置位置是否有工件
是
放入备件库
否
放入装配区，并将空托盘放置于空托盘收集处
备件库是否有装配工位需要的工件
否
是
机器人从备件库抓取该工件到装配区指定位置
否
是否满足装配
是
机器人开始对装配流水线上的工件进行装配，并将成品放置于成品库
否
是否装配完4套成品
是
入库
否
是否全部入库
是
结束

图 6-34　联调流程图

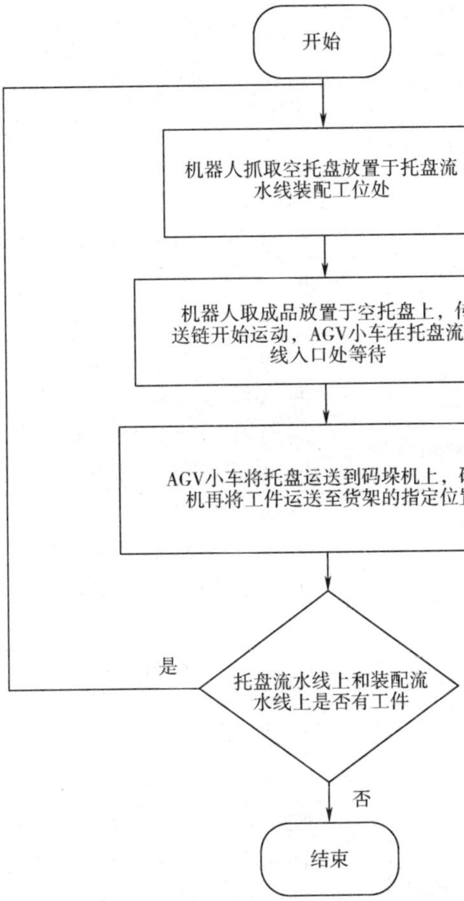

图6-35　入库流程图

表6-11　　机器人变量表

序号	变量名称	定义功能	变量说明
1	ZI	启停控制字	ZI=50 机器人回原点 ZI=103 机器人进入抓取状态
2	NEI	工件类型	NEI=1　一号工件 NEI=2　二号工件 NEI=3　三号工件 NEI=4　四号工件
3	X	抓取 *X* 轴坐标偏移量	定点一位小数
4	Y	抓取 *Y* 轴坐标偏移量	定点一位小数
5	Z	抓取 *Z* 轴坐标偏移量	定点一位小数
6	R	抓取 *Z* 轴坐标偏移量	定点一位小数
7	YUN	机器人运行状态	YUN=150 机器人已准备好，请求总控 PLC 发送数据 YUN=200 机器人让总控 PLC 将上次发送的数据清零

续表

序号	变量名称	定义功能	变量说明
8	I	入库开始	I=150 机器人反馈总控 PLC 启动入库程序
9	T	启动托盘流水线反转	T=200 机器人反馈总控 PLC 让托盘流水线反转 T=0 机器人反馈总控 PLC 让托盘流水线 T 停止反转
10	B1	备件库 1	B1=0 一号工件备件库没有工件 B1=1 一号工件备件库有工件
11	B2	备件库 1	B2=0 二号工件备件库没有工件 B2=1 二号工件备件库有工件
12	B3	备件库 1	B3=0 三号工件备件库没有工件 B3=1 三号工件备件库有工件
13	B4	备件库 1	B4=0 四号工件备件库没有工件 B4=1 四号工件备件库有工件
14	Q1	定位气缸 1	Q1=0 一号工件装配位没有工件 Q1=1 一号工件装配位有工件
15	Q2	定位气缸 1	Q2=0 二号工件装配位没有工件 Q2=1 二号工件装配位有工件
16	Q3	定位气缸 1	Q3=0 三号工件装配位没有工件 Q3=1 三号工件装配位有工件
17	Q4	定位气缸 1	Q4=0 四号工件装配位没有工件 Q4=1 四号工件装配位有工件
18	S	取空托盘的个数	根据取托盘的个数确定取下个拖盘的位置
19	A	计组装成品的个数	A=4 4 套成品组装完毕 A=5 开始入库
20	D	停止托盘流水线反转	D=250 第一个工件入库完成，机器人开始第二个工件入库 D=251 第二个工件入库完成，机器人开始第三个工件入库 D=252 第三个工件入库完成，机器人开始第四个工件入库

③USR_ PLC. LIB 程序的设计。USR_ PLC. LIB 程序可将定义的变量与总控 PLC 相互关联起来，以便于机器人在联调运行过程中，能与总控 PLC 相互交换数据。

```
COMMON SHARED ZI AS LONG    定义变量
COMMON SHARED NEI AS LONG
COMMON SHARED X AS LONG
COMMON SHARED Y AS LONG
COMMON SHARED Z AS LONG
COMMON SHARED R AS LONG
COMMON SHARED YUN AS LONG
COMMON SHARED I AS LONG
COMMON SHARED T AS LONG
COMMON SHARED QIN AS LONG
PUBLIC SUB USR_ PLC
```

```
'(WRITE YOUR CODE HERE)
ZI=HOLD_REG[1]
NEI=HOLD_REG[2]
X=HOLD_REG[3]
Y=HOLD_REG[4]
Z=HOLD_REG[5]
R=HOLD_REG[6]
D=HOLD_REG[7]
IN_REG[3]=T
IN_REG[1]=YUN
IN_REG[2]=I
END SUB
```

参考文献

[1] 贾伯年. 传感器技术 [M]. 南京：东南大学出版社，2000.

[2] 阎石. 数字电子技术基础 [M]. 北京：高等教育出版社，1998.

[3] 张硕. TIA 博途软件与 S7-1200/1500 PLC 应用详解 [M]. 北京：电子工业出版社，2017.

[4] 熊田忠. 基于 S7-200 PLC 的 Modbus 主从站编程与应用 [J]. 自动化技术与应用. 2012，29 (12A)：12-40.

[5] 许龙，赵从棉. 驱动电机及控制技术 [M]. 北京：清华大学出版社，2017.

[6] 王赛，张强. PLC 控制系统组装与调试 [M]. 北京：机械工业出版社，2017.

[7] 阎石. 数字电子技术基础 [M]. 北京：高等教育出版社，1998.

[8] 王赛，张强，黄应强. 人机界面 (HMI) 系统设计、安装与调试 [M]. 北京：科学出版社，2014.

[9] 陈小艳. 工业机器人工作站系统集成 [M]. 北京：机械工业出版社，2014.

[10] 叶伯生. 工业机器人操作与编程 [M]. 武汉：华中科技大学出版社，2015.

[11] 滕少峰. 工业机器人基础 [M]. 武汉：华中科技大学出版社，2015.

[12] 陈立德. 机械设计基础 [M]. 北京：高等教育出版社，2014.

[13] 肖南峰. 工业机器人 [M]. 武汉：华中科技大学出版社，2011.

[14] 黄沿江. 工业机器人应用基础 [M]. 北京：机械工业出版社，2015.